JavaScriptによる
プログラミング講座

著者：河村 一樹

はじめに

　本書は，大学で十数年間実践してきたプログラミング教育における教科書として執筆した。当初，実習で取り上げていたプログラミング言語としてはC言語を使っていた。C言語の場合，厳密な構文規約があり，まずそれらをきちんと教えなければならない。それだけでなく，プログラム開発環境を用意する必要もあった。また，文系の学生にとっては，C言語は若干敷居の高いプログラミング言語といえた。

　その後，世の中ではスクリプト言語といわれるものがいくつも登場し，Webプログラミングに使われるようになってきた。スクリプト（直訳すると，台本）ということで，構文規約がそれほど厳密ではなく，比較的わかりやすいという特長があったことから，文系の学生に適した言語といえる。

　そこで，C言語からスクリプト言語の一つであるJavaScriptに切り替えることにした。また，JavaScriptの処理系は各種ブラウザに組み込まれており，C言語のように別途開発環境を用意する必要がなく，パソコン（Windows PCでもMacintoshでも）に標準搭載されているブラウザとエディタさえあればプログラミングができる。これによって，授業外での自学自習にも対応できるようになった。

　従来のプログラミング教育では，週2コマ連続の開催となっており，1コマ目は講義で2コマ目は実習という授業パターンを実践していた。しかし，2016年度から，ペアコマ開講になった。同じ週2コマ開講であるが，連続（例えば，月曜日3・4コマ）ではなく，隔日（月曜日1コマ＋木曜日1コマか，火曜日1コマ＋金曜日1コマ）という授業パターンである。

　ペアコマ開講になったことから，それまで行っていた講義を一切止めて，すべて個別指導に切り替えることにした。プログラミング教育のようなスキル習得が中心となる授業では，講義による一斉授業ではクラス全体の学習効果が低くなったり，学生同士でソースコードをコピペしたりするという事態が散見された。学生に聞くと，わからないことがわからないままとなってしまい実習が進まず自力では課題ができないということであった。

　そこで，授業中には学生との1対1の個別指導を行い，わからないことをわかるまで説明するという授業パターンに変更した。これにともない，LMSとしての教育支援システムを導入した。

　著者の本務校では，2016年度から全学レベルでMoodleを導入した。このMoodleを学生の自学自習および個別指導に利用することにした。具体的には，教科書（自著）の内容をすべてMoodleにアップロードするとともに，すべての実習課題のヒントと実行結果画面を用意した。それだけでなく，授業外における自学自習支援のために，個人別のフォーラムを開設した。これによって，自宅等でわからないことがあった場合に質問できるようにした。

　数年前に始まったコロナ禍において，大学のキャンパスが閉鎖される中で，Zoomによるオンライン授業を実施しなければならない時期があった。その頃にはすでにJavaScriptを使っていたので，学生も自宅等で自分のパソコンを使って実習ができスムーズにオンライン授業を進めることができた。

　Zoomによる教育実践の中で，Zoomが提供する機能のいくつかがプログラミング教育において有効であることが明らかになった。一つは「ブレイクアウトルーム」の機能で，これによって個別指導（学生と1対1で質疑応答を行う）が円滑にできるようになった。もう一つは，「画面共

有」の機能で，これによって学生の画面（ソースコードの表示や実習途中の操作など）を共有することができ，よりきめ細かい指導ができるようになった。これらの機能は，コロナ禍が下火になった現在でも，実習室での対面授業において利用することによって，個別指導がうまく進められている。

　以上の形で，十数年間，プログラミング教育を実践してきたわけだが，今回，現在実施している授業を反映した教科書を書き直すことにした。それまでは，『JavaScriptによる情報教育入門』（大学教育出版，河村一樹，2011年）という自著を使っていた。しかし，HTMLのバージョンが4.01でありすでに古い版になっていること，JavaScriptにおいてもいくつか非推奨の構文が出てきたこと，などから内容を大幅に書き換えることにした。

　大学教育出版には，今回の改編についての承諾を得ている。また，旧版の「第7章　JavaScriptの実用編」については，競争ゲームのプログラミングに変更した。これについては，田村技術研究所の田村隆彦氏の助言をもとに，筆者の方で加筆修正している。

　なお，第3章については，本学のICT環境であり，実習方法についてもPOTI・Moodle・Zoomを利用した独自の形態になっている。このため，他大学においてこの本を教科書として使う場合は，各章の解説（JavaScriptの構文および例題プログラムの説明）と節毎の実習課題を用いた授業を提案する。

　本書が，学生達の自学自習の助けとなるとともに，よりわかりやすいプログラミングの教科書となってくれれば幸いである。

2024年9月

河村 一樹

目次

はじめに 3

第1章　プログラミング講座

1.1　本講座の教育目標 10
1.2　プログラミング言語の選択 10
1.3　基本的なアルゴリズムとプログラミング概念 11

第2章　JavaScript

2.1　JavaScriptとは 16
 2.1.1　JavaScriptの歴史 16
 2.1.2　JavaScriptの特徴 16
2.2　JavaScriptの記述 18
 2.2.1　ソースコードの扱い 18
 2.2.2　ソースコードの書き方 19
2.3　JavaScriptの動作環境 20
 2.3.1　テキストエディタ 20
 2.3.2　Webブラウザ 23

第3章　自学自習の進め方

3.1　Moodle 26
 3.1.1　Moodleの起動と科目の選択 26
 3.1.2　Moodleの利用 28
3.2　Zoom 30
 3.2.1　Zoomの起動 30
 3.2.2　Zoomの利用 31
3.3　実習方法 31
 3.3.1　フォーラムによる質疑応答 31
 3.3.2　実習の進め方 33

第4章　JavaScriptの基本編

4.1　画面への出力 44
  4.1.1　document.write文 44
  4.1.2　HTML要素 47
  4.1.3　アラートダイアログ 47
  4.1.4　コンソール画面 48
4.2　変数の扱い 50
  4.2.1　var 51
  4.2.2　let 52
  4.2.3　const 52
4.3　演算式の扱い 54
  4.3.1　算術演算子 54
  4.3.2　代入演算子 54
  4.3.3　インクリメント/デクリメント 55
4.4　画面からの入力 58
4.5　選択文 63
  4.5.1　if文 63
  4.5.2　if else文 65
  4.5.3　else if文 67
  4.5.4　switch文 69
4.6　繰返し文 72
  4.6.1　for文 72
  4.6.2　while文 74
  4.6.3　do while文 75
  4.6.4　無限ループ 77
4.7　配列の扱い 80
  4.7.1　new Array()による宣言 80
  4.7.2　配列リテラル[]による宣言 83
  4.7.3　連想配列の宣言 83
4.8　関数の扱い 87
  4.8.1　ユーザ定義関数 87
  4.8.2　組み込み関数 90
  4.8.3　変数のスコープ 90

第5章　JavaScriptの応用編

5.1　アルゴリズムとは 96
5.2　アルゴリズムの記述 97
5.3　アルゴリズムの評価 99
　　5.3.1　稼働効率 99
　　5.3.2　理解容易性 100
5.4　整列のアルゴリズム 101
　　5.4.1　選択ソート 102
　　5.4.2　バブルソート 102
　　5.4.3　挿入ソート 103
　　5.4.4　マージソート 103
　　5.4.5　シェルソート 104
　　5.4.6　ヒープソート 105
　　5.4.7　クイックソート 106
5.5　探索のアルゴリズム 110
　　5.5.1　線形探索 110
　　5.5.2　2分探索 113
5.6　再帰のアルゴリズム 115
　　5.6.1　階乗計算 116
　　5.6.2　ハノイの塔 118

第6章　JavaScriptの実用編

6.1　Webサイトの基本的構造 128
　　6.1.1　HTML 128
　　6.1.2　CSS 128
　　6.1.3　JavaScript 129
6.2　CSS 129
　　6.2.1　CSSの属性 129
　　6.2.2　CSSの記述 130
6.3　JavaScriptによるCSSの制御 137
　　6.3.1　idによるCSSの制御 137
　　6.3.2　文字列の挿入 140
　　6.3.3　アニメーション 143
6.4　競争ゲームの作成 145

参考文献 149
索引 150

著者紹介 151

第1章
プログラミング講座

本講座は，著者の本務校（以降，本学と略す）で開講している科目「プログラミング基礎」における授業を想定している。履修対象は，全学部の2年生以上（1年生については，秋学期から履修可能）となっている。すでに高等学校では教科「情報」において情報教育が行われているが，履修者の多くはプログラミングの初学者である。本章では，「プログラミング基礎」における教育目標を掲げるとともに，実習で使用するプログラミング言語および授業で取り上げる基本的な事項（アルゴリズムと頻出概念）について述べる。

1.1 本講座の教育目標

　プログラミング教育の目標は，学習者がコンピュータを用いたプログラミングに関する知識と技能を習得することである。ただし，その知識と技能レベルは，目標とする人材像（職業人としてのプログラマからエンドユーザとしての利用者まで）によって異なるといえる。

　プログラマであれば，コンピュータサイエンスをベースとしたより専門的な知識（例えば，形式言語理論，オートマトン，プログラム理論，計算量理論，グラフ理論など）と応用的な技能（例えば，各種アルゴリズム論：集合や配列を扱うアルゴリズム，リストや木構造を扱うアルゴリズム，グラフやネットワークを扱うアルゴリズム，数値を扱うアルゴリズムなど）の習得が必要となる。そのためには，大学の情報系学科で提供されるカリキュラムにおいて，より専門的に学ぶことになる。

　一方，利用者であれば，プログラミング的思考や基本的なプログラミング概念の習得が必要になる。プログラミング的思考は，学校におけるプログラミング教育で身に付けるべきものと文部科学省が提唱している[1]。これについては，今後，小学校から高等学校までの情報教育がより本格化することを期待することになろう。

　基本的なプログラミング概念は，ほとんどのプログラミング言語で共通している頻出概念である。具体的には，変数とデータ型，制御構造，関数とメソッド，エラー処理などがあげられる。これらを，ある言語を用いてプログラミングする過程の中で学んでいくことになる。

　本講座では，“健全な”利用者の育成を目指している。“健全な”とは，コンピュータの動作原理に関するメタ概念がイメージできており，障がい等に対しても的確に対処ができるという意味である。その育成に向けて，このプログラミング講座を実施することにする。

1.2 プログラミング言語の選択

　プログラミング言語の歴史は古く，今まで数多くのプログラミング言語が登場してきている。その変遷は，低水準言語から高水準言語へと言語の抽象度が高くなるとともに，手続き的な処理から直感的で視覚的な処理へ移行しているといってよい。具体的なプログラミング言語としては，機械語から始まり，アセンブリ言語，手続き型言語（Fortran，COBOL，Pascal，C，…），関数型言語（Lisp），論理型言語（Prolog），オブジェクト指向型言語（Smalltalk-80，C++，Java，…），イベント駆動型言語（Visual BASIC，JavaScript，Python，C#，…），そして，並列処理言語（Go，…）などに至っている。

　さて，本講座では，プログラミングに関する知識だけでなく技能の習得を目指すため，講義よりも実習を重視する。このため，実習で使用するプログラミング言語を何にするかについて検討した。その結果，1.1の教育目標を実現するために最も適した言語という視点から，JavaScriptを選択するに至った。

　通常プログラミング言語というと，例えばC言語のように，厳密な文法のもとに，高水準の抽象化（条件分岐や反復など）から低水準の操作（メモリアドレスを扱うポインタやビット処理な

ど）まで提供する本格的なプログラムとして用いられる。これに対して，JavaScriptは，プログラミング言語というよりもスクリプト言語と言われることが多い。スクリプト (script) は，台本や脚本という意味であり，書いてすぐに実行できる簡易的なプログラムとして用いられる。これより，JavaScriptは，C言語よりもプログラミングしやすく，初学者にとっては習得における敷居が低いプログラミング言語といえる。

また，プログラミングスキルの習得では，一斉授業よりも個別指導の方が向いているといえる。なぜならば，そもそもプログラミングの適性には個人差があり，一斉授業で一律に同じ内容を学んだとしてもその習得レベルに差が生じるからである。このため，学生個人に応じた指導の方が，学習効果が高いといえる。

個別指導は，授業時間内だけでなく，放課後や帰宅後の授業外でも実施できることから，本講座では自学自習を推奨している。その際に，学生のパソコン所有が鍵となる。本学では，数年前から，新入生に対してBYOD(Bring Your Own Device)を義務付けており，学生のパソコン所有率も高くなっている。また，自学自習を支援するために，後述するLMSとしてのMoodleを利活用できる環境が揃っている。

学生がプログラミングを自学自習することを想定すると，JavaScriptが適している。Windowsマシンであれば，JavaScriptのソースコードを書くためのテキストエディタ（メモ帳）およびJavaScriptの動作環境としてのWebブラウザ（Microsoft Edge，別途Google ChromeやMozilla Firefoxもインストールすることで利用可能）があらかじめ導入されているからである。さらに，テキストエディタだけでなく統合開発環境（IDE: Integrated Development Environment）として，Visual Studio CodeやAtomなども利用できる。

1.3　基本的なアルゴリズムとプログラミング概念

大学におけるプログラミング教育において，プログラミング的思考を育成するためには，基本的なアルゴリズムを，実習を交えて学ぶことによって実現できるといえる。

アルゴリズムとは，ある問題を解決するための論理的な手順のことである。その手順には，手続き，論理，関数，オブジェクト指向などの概念が適用される。本講座では，最も古くから，そして，現在でも広く普及している手続きベースのアルゴリズムの習得を目指す。

基本的なアルゴリズムの例として，本講座では整列・探索・再帰を取り上げる。整列とは，データを特定の順番（昇順，降順）に並び替えるアルゴリズムであり，過去からさまざまなアルゴリズム（選択ソート，バブルソートなど）が提唱されてきた。探索とは，データセットの中から特定の値を見つけ出すアルゴリズムであり，線形探索や二分探索などがある。再帰とは，自分自身を呼び出すアルゴリズムであり，階乗計算や二分探索などがある。本講座では，これらを自学自習ベースで学ぶことを目指す。

本講座の教育目標であるプログラミングスキルについて，吉田ら[2]は，「プログラミング言語の文法に対して誤りのないようにプログラムを書く」としている。また，プログラミング能力検定では，プログラミングの基礎知識を同じ基準で評価するための尺度としてCFRPを策定している[3]。

CFRPでは，レベル1からレベル6まで，レベル毎に「何ができるか」といった習熟度を提示している。

具体的には，

> レベル1・2：簡単な処理のプログラムを作成可能な段階（簡単な演算，データの表示，変数宣言，分岐処理）
> レベル3・4：複雑な処理のプログラムを作成可能な段階（変数の型，乱数，関数，定数，配列，反復処理）
> レベル5・6：実用性の高いプログラムを作成可能な段階（例外処理，多次元配列，ソート，オブジェクト指向）

としている。

1.1で取り上げた基本的なプログラミング概念となると，CFRPのレベル1からレベル4までの範疇となり，これらをJavaScriptによる実習を通して習得することが本講座の教育目標になる。また，プログラミング能力検定では，『CFRP－プログラミング概念詳細』において，ビジュアルブロック/JavaScript/Python/Javaの言語毎に，レベル・区分・概念・評価指標・シンタックスを策定している[4]。

この中のレベル1−4のJavaScriptのシンタックスをもとに，本講座で取り上げるべき基本的なプログラミング概念を表1.1にまとめた。表1.1のすべての項目を網羅する形で，第4章においてJavaScriptの基本となるプログラムについて取り上げることにする。

以上，第1章では，本講座を進めるにあたっての前提条件となる教育目標を明らかにするとともに，実習用の言語としてJavaScriptを選んだ理由およびJavaScriptにおける基本的なプログラミング概念について取り上げた。

表1.1　基本的なプログラミング概念

区分	JavaScript の表記		
	CFRP	※	本講座
変数（宣言）	let	1	var
変数（代入）	=	1	=
データ出力（画面へ）	console.log	1	document.write
データ入力（画面から）		1	prompt
演算子（等号）	==	1	==
演算子（不等号）	<>	1	<>
演算子（不等価）	!=	2	!=
演算子（論理積）	&&	2	&&
演算子（論理和）	||	2	||
演算子（否定）	!	2	!
演算子（四則演算）	+ - * /	1	+ - * /
演算子（文字列連結）	" "+" "	2	" "+" "
制御（順次実行）		1	…; …;
制御（条件分岐：if 文）	if() { }	1	if() { }

制御（条件分岐：if else 文）	if() {
	} else {
	}
		1	if() {
			} else {
			}

制御（条件分岐：if else if 文）	if() {
	} else if(){
	}
		1	if() {
			} else if(){
			}

制御（条件分岐：switch case 文）	switch(){
	　case:
	}
		4	switch(){
			　case:
			}

制御（反復：for 文）	for() { }	2	for() { }
制御（前判定反復：while 文）	while() { }	4	while() { }
制御（後判定反復：do while 文）	do { } while()	4	do { } while()
制御（反復スキップ）	continue	4	continue
反復（反復抜け出し）	break	4	break
配列（宣言）	let arr=[]	2	let arr=[]
配列（代入）	let arr=[1,2]	2	let arr=[1,2]
配列（値の取得）	arr[0]	2	arr[0]
配列（長さ）	length	2	length

関数（作成）	function f() {
	}
	f();
		3	function f() {
			}
			f();

関数（引数）	function
	f(num) {
	}
	f(num);
		3	function f(num) {
			}
			f(num);

関数（戻り値）	function
	f(num) {
	　return
	num+1;
	}
		3	function f(num) {
			　return num+1;
			}

関数（小数点以下切り捨て）			Math.floor
関数（乱数）	Math.random	3	Math.random

※ CFRP のレベル

第2章

JavaScript

　本講座では，レクチャーが中心となる講義ではなく，自学自習をベースとしたパソコンによるプログラミング実習を取り入れることを前提としている。その実習で使用するプログラミング言語は，JavaScriptとした。本章では，JavaScriptの特徴や動作環境，JavaScriptを用いた自学自習のやり方について取り上げる。

2.1 JavaScriptとは

2.1.1 JavaScriptの歴史

　JavaScriptは，当初，LiveScriptという名称で，WebブラウザであるNetscape Navigator2.0に実装された。その後，ネットスケープ社と業務提携していたサン・マイクロシステムズ社が開発したJavaが普及してきたことから，JavaScriptに改称したという経緯がある。なお，JavaScriptとJavaは，名称は似ているが別言語である。

　1996年には，マイクロソフト社のInternet Explorer 3.0にJscriptという名称で搭載され，多くの人々に認知されたことで急速に普及した。1997年には，Ecmaインターナショナル（通信関連の標準化を策定する国際団体）により，JavaScriptの仕様がECMAScriptとして制定された。これによって，多くのWebブラウザに搭載されるようになり，今日に至っている。

2.1.2 JavaScriptの特徴

　JavaScriptは，通常，HTMLとCSSを組み合わせて使用する。HTML(HyperText Markup Language)は，Webサイトを構成するWebページの基本的な「構造」を記述するマークアップ言語である。CSS(Cascading Style Sheets)は，Webサイトの表示やレイアウトといった「見た目」を制御する言語である。これら2つの言語によって，文書の構造と見た目を切り離して記述することができる。そして，JavaScriptは，それぞれの要素の「動作」を動的に制御する言語である。

　以上の関係は，図2.1のようになる。

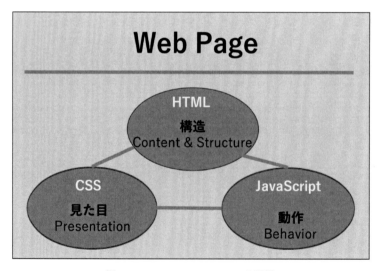

図2.1　HTML/CSS/JavaScriptの関係

　なお，HTML/CSS/JavaScriptについては，最終章で取り上げる。JavaScriptによるプログラミングでは，次のような特徴がある。

(1) クライアントサイドでの実行

JavaScriptは，クライアントに搭載しているWebブラウザ内で実行される。なお，Node.jsを併用することで，サーバーサイドでも実行できる。

(2) 動的なデータ型

変数のデータ型はプログラムの実行時に決定されるので，同じ変数に異なるデータ型の値を代入することができる。これにより，プログラミングの柔軟性が向上する。

(3) イベント駆動プログラミング

何らかのイベント（マウスのクリックやキーボードからのキー入力など）が発生したときに，特定のコードや関数を実行することで，プログラムの動的な振る舞いを制御することができる。

(4) オブジェクト指向プログラミング

JavaScriptは，手続き型のプログラミングだけでなく，オブジェクト指向型のプログラミングもできる。ただし，クラスベースではなく，プロトタイプベース（オブジェクト間継承）によるオブジェクト指向を採用している。

(5) アニメーション機能

アニメーションとは，Webサイトの要素（文字や画像など）に何らかの動きを与えることである。例えば，位置や大きさを変えたり，色や明度を変えたり，回転させたりすることができる。アニメーションのタイミングについては，その要素にマウスを載せたとき，指定したボタンをクリックしたとき，画面をスクロールしてその要素が表示したとき，などで指定できる。

(6) ポップアップウィンドウ機能

ポップアップウィンドウとは，開いている画面上に飛び出してくる（ポップアップ）小さい画面のことである。このため，別の画面に切り替わることがなく，そのまま操作を継続することができる。これより，ユーザ認証，ヘルプ情報や製品の詳細情報の表示，注意喚起や警告などにおいて使用する。

(7) 自動スクロール

手動で画面をスクロールするのではなく，プログラムによって自動的にスクロールさせることができる。スクロールのタイミングは，ある条件がyesのとき，特定のイベントが生じたとき，などに指定できる。

(8) スライドショー

Webページにおいて，スライドとなる要素に対して，あるタイミング毎に表示を切り替えることによって，動的な振る舞いを与えることができる。

(9)アコーディオン

アコーディオンメニューでは，マウスをクリックすると，隠れていたメニューが表示されたり，あるいは，折りたたまれて非表示になる。このため，FAQ(Frequently Asked Question)などで利用される。

2.2 JavaScriptの記述

JavaScriptは単独で実行することができず，HTMLにJavaScriptのソースコードを埋め込むことで初めて実行できるようになる。ここでは，その埋め込み方法と具体的な書き方について取り上げる。

2.2.1 ソースコードの扱い

JavaScriptのソースコードは，外部定義か直接定義のどちらかを用いてコーディングする。

(1)外部定義

JavaScriptのソースコードをjsファイルに入力し，そのjsファイルをHTMLのsrc属性によって読み込むことである。例えば，jsファイルをexample.jsとしてHTMLファイルと同じ場所に置くとすると，呼び出すHTMLファイルの<body>タグにおいて，

```
<body>
    <script src="example.js"></script>
</body>
```

と記述する。これによって，一つのjsファイルを他のHTMLファイルで共用したり，HTMLファイルとJavaScriptファイルを別々に更新したりすることができるので管理しやすい反面，jsファイルの数が多くなると呼び込みに時間がかかる場合が生じる。

(2)直接定義

HTMLファイルのbodyタグの中で，scriptタグを使ってJavaScriptのソースコードを直接記述することである。例えば，

```
<body>
    <script>
    JavaScriptのソースコード
    </script>
</body>
```

と記述する。

これによって，読み込みが早くなる反面，HTMLのソースコードとJavaScriptのソースコードが混在するため，複数の人と共同作業するときに管理が複雑になることがある。

以上より，本講座では個人でのプログラミングを前提としているので，(2)を採択することにする。

2.2.2　ソースコードの書き方

JavaScriptのソースコードを書く上でのポイントとして，次のことがあげられる。

(1) フリーフォーマット

例えば，COBOLといったプログラミング言語では，ソースコードを書く位置（カラム位置）が決まっている。具体的には，カラム1-6は行番号，カラム7は*（アスタリスク）ならばコメント行，-（ハイフン）ならば継続行，/（スラッシュ）ならば新しいページの開始，カラム8-11は特定の構造要素（DIVISION, SECTIONなど）の開始，カラム12-72は文や命令を記述，カラム73-80はシーケンス番号やコメントなどとなる。

これに対して，JavaScriptは，カラム位置に拘束されずにソースコードを記述することができる。ただし，自由に記述できるからといって，複数の文を1行に連続させるとかえって読みにくくなる。このため，可読性を向上するように，スペースや改行，あるいは，インデント（字下げ）を使ってコードを整形する必要がある。

(2) ソースコードは半角英数字のみ

JavaScriptのソースコードは，半角英数字しか受け付けない。ただし，出力する文字列やコメントについては，全角のひらがなや漢字を使うことができる。このため，仮名漢字変換をオフにしないままキー入力していると，全角の文字が入力される。ここで問題となるのはスペース（空白表示）であり，ソースコードの中に全角スペースがあると構文エラーを引き起こす。しかも，メモ帳では半角か全角かを識別することができないので，どこに全角のスペースがあるかどうかについては，カーソルを一カラムずつずらして確認するしかなく手間がかかる。

(3) 数値と文字の扱い

JavaScriptは動的な型付け言語であるため，変数を宣言するときに数値か文字列かを事前に指定することはない。ただし，変数に初期値を与える場合，整数や小数の値は数値，シングルクォテーションかダブルクォテーションで囲むと文字列になる。

(4) 文の区切り

JavaScriptでは，文の区切りとして，文末にセミコロン「;」を置くかどうかは任意となっている。このため，セミコロンを書き忘れたとしてもプログラムは実行できることになる。ただし，セミコロンを省略すると意図しない動きが生じることもあるので，文末に置いた方が確実といえる。

(5) コメントアウト

ソースコードの中にコメントを挿入することができる。コメントは注釈のことであり，コードの補足説明をすることでプログラムの可読性を向上することができる。

コメントの書き方として，1行だけでおさまる場合は//に続けてコメントを書き，複数行になる場合は/*と*/で囲む。

具体的には，次のようになる。

```
○1行コメント
//  1行分のコメント
【あるいは】
i=i+1;  //  行の途中からのコメント

○複数行コメント
/*  複数行に
わたるコメント */
【あるいは】
/*
複数行に
わたる
コメント
/*
```

(6) 厳格モード (strict mode) の設定

(3) などからJavaScriptは比較的ゆるい構文となっており，初学者にとってはプログラミングしやすい言語といえる。これに対して，厳格な構文エラーチェックに切り替えることもできる。この場合，ソースコードの先頭に，「use strict」を追加すればよい。

2.3　JavaScriptの動作環境

プログラミング言語によっては，専用のプログラム開発環境を用意しなければならないものがある。一方，JavaScriptのプログラムを動かすには，テキストエディタとWebブラウザがあればよく，いずれもWindowsやmacOSに標準で搭載されているので，別途インストールする必要はない。このため，学生にとってもすぐに使えるという便利さがある。

2.3.1　テキストエディタ

テキストエディタとは，プレーン（装飾やフォーマットがついていない文字データのこと）なテキストの入力や編集をするためのプログラムである。最もシンプルなものとしてWindowsではメモ帳（Notepad），macOSではTextEditがあり，高機能なものとして各プラットホーム

(Windows，macOS，Linux) で動作する Visual Studio Code (以降，VS Code と略す) がある。テキストエディタでテキストファイルを生成する際には，文字コードを設定する必要がある。

文字コードとは，コンピュータ内部で文字を扱うための符号化方式であり，規則的に2進数の数値に変換される。これには，ASCII，ISO-8859，SJIS (シフトJIS)，EUC (拡張UNIXコード)，Unicodeがある。この中のUnicodeには，UTF-8，UTF-16，UTF-32などのエンコーディング方式がある。

(1) メモ帳

メモ帳は，Windows11の[スタートボタン]→[すべてのアプリ]→[メモ帳]と順にクリックすると起動し，図2.2のようなトップ画面が表示される。画面の左下にはカーソルの位置 (行と列) が表示され，右下には文字コードがUTF-8 (Windows10のバージョン1903以降，デフォルトとして設定) と表示される。

図2.2　メモ帳のトップ画面

(2)VS Code

メモ帳はもっとシンプルなテキストエディタであるが，JavaScriptに対応したエディタとしてVS Codeがある。VS Codeはマイクロソフト社が無償で提供しており，次の手順でパソコンにインストールできる。

①公式Webサイトからダウンロード

このURL (https://code.visualstudio.com/download) をクリックし，Windowsバージョンを選んでダウンロードする。

ダウンロード完了後，インストーラを起動してインストールすると，デスクトップ画面にVS Codeのアイコンが生成される。

②日本語化

　インストール時は英語版になっているので，VS Codeの拡張機能を使うことで日本語化することができる。VS Codeを起動して左端のアイコンバーから[Extensions]（上から5番目）をクリックすると，プログラム一覧が表示される。その中で，[Japanese Language Pack for Visual Studio Code]をクリックし（図2.3），[Install]ボタンをクリックするとインストールする。

図2.3　Visual Studio Codeの設定（囲みは筆者による）

　インストールが終わると，右下に英語で[再起動しますか？]というメッセージが表示されるので，再起動すると，日本語表示に切り替わる。

③印刷機能

　VS Code自体には印刷機能がないので，ソースコードを印刷したりすることができない。このため，拡張機能を使って印刷機能をインストールする必要がある。

　[拡張機能]のアイコンを選択し，検索ボックスに[printcode]と入力すると[PrintCode]が表示される。[インストール]ボタンを押してインストールする。

　次に，印刷したいファイル（図2.4ではsample.html）を表示し，F1キー（ファンクションキー1）を押す。画面上部にあるコマンドパレットから[PrintCode]を選択してクリックする（図2.4）。印刷ボタンが表示されるので，それをクリックすると印刷ができる。

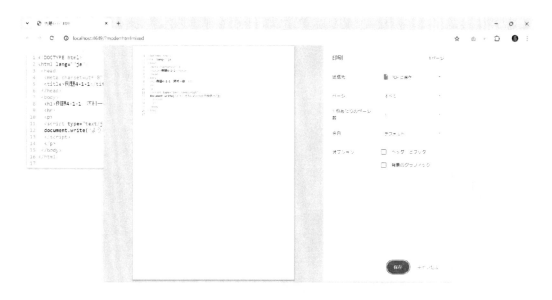

図 2.4　VS Code での印刷

2.3.2　Web ブラウザ

　Web ブラウザとは，URL で指定したサーバ側にある Web ページを閲覧するためのアプリケーションソフトである．Web ページを実装しているコンテンツには，テキストデータだけでなく，図表・画像・動画・音声といったマルチメディアデータも含まれる．

　今までに数多くの Web ブラウザが開発されているが，代表的なものとしては Microsoft Edge, Google Chrome, Mozilla Firefox, Apple Safari, Opera などがある．本講座では Google Chrome を推奨しているので，もしインストールしていない場合は公式ページ (https://www.google.com/intl/ja/chrome/) からダウンロードする必要がある．

　VS Code でソースコードを入力後，そのプログラムの動作確認をすることになる．そもそもプログラムには人間が作り込んでしまうエラー (bug) が含まれているので，それを取り除く必要がある．

　VS Code にはデバッグ機能が入っているので，ソースコードの入力が終わったら，メニューバーにある [実行 (R)] → [デバッグなしで実行] をクリックする．コマンドパレット（デバッガーの選択）が表示され，ここで [Web アプリ (Chrome)] を選ぶと，Google Chrome によりプログラムが実行されて結果が表示される（図 2.5）．

図2.5 VS Code での実行（囲みは筆者による）

　以上，第2章では，初めて学ぶ人に向けて，JavaScriptとはどういう言語で，その特徴はどのようなものかについて述べるとともに，JavaScriptのソースコードの書き方および動作環境について取り上げた。

第3章

自学自習の進め方

　本講座では，自学自習をベースにしている。このため，学習管理システムのMoodleとオンライン授業のZoomを併用する。これらを使うことで，授業中だけでなく授業外（放課後や自宅など）でも自学自習を続けることができる。なお，本章では，本学独自のICT環境となるPOTI（ポータルサイト）・Moodle（学習管理システム）・Zoom（Web会議システム）について取り上げている。本学以外の大学でも，同様となる環境が用意されていると思われるので，それらを利用して実習を進めてほしい。

3.1 Moodle

Moodle(Modular Object-Oriented Dynamic Learning Environment)は，LMS(Learning Management System)の一つであり，e-Learningを支援するWebサービスといえる。システム自体は主にPHP(Personal Home Page tools)で書かれており，オープンソースとして提供される。2001年にマーティン・ドゥーギアマス(Martin Dougiamas)により開発され，2002年にバージョン1.0がリリースされた。

その後，開発コミュニティの支援により，さまざまな改良と機能追加が行われ，現在では多くの大学でも採用されている。

3.1.1 Moodleの起動と科目の選択

本学でMoodleを利用するためには，ポータルサイトであるPOTI(Portal of Tiu Internal web)に入らなければならない。そのためには，次のURLで，東京国際大学のホームページに入る。

https://www.tiu.ac.jp/

ホームページ画面右上の[メニュー]をクリックしてから右端の[POTI]をクリックすると，POTIに入るためのログイン画面が表示される。（図3.1）。

図3.1 POTIのログイン画面

ログインすると，POTIのトップページ画面が表示される。画面上部にあるガイド欄にある[授業情報▼]にマウスをあてるとプルダウンメニューが表示され，[授業]にある[Moodle]をクリックする（図3.2）。

図 3.2　POTI のトップ画面

これによって，Moodle のログイン画面になる（図 3.3）。

図 3.3　Moodle のログイン画面

ログインすると，Moodle のトップ画面が表示されるので，[最近アクセスされたコース] に表示されている [プログラミング基礎] を選択する。もしそこに [プログラミング基礎] がない場合は，[コース概要] の [春学期・通年] あるいは [秋学期] のどちらかにある [プログラミング基礎] を選択する（図 3.4）。

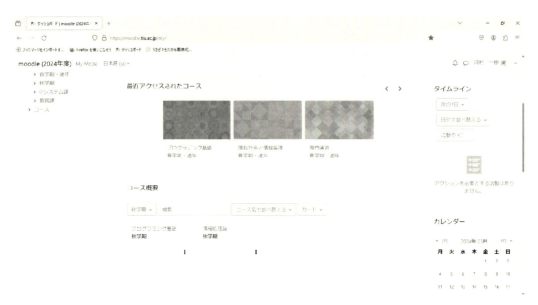

図 3.4　[プログラミング基礎]の選択

3.1.2　Moodleの利用

　Moodleには，[活動]と[リソース]が用意されている。[活動]は，学生の参加を前提としており，学習過程での相互作用を支援する（図3.5）。

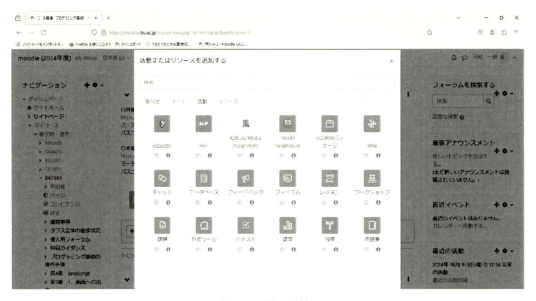

図 3.5　[活動]の種類

　[リソース]は，学生に学習をするための教材コンテンツを提供する（図3.6）。

図3.6　[リソース]の種類

本講座では，章・節毎に，図3.7のような構成（[リソース]の[ファイル]と[活動]の[小テスト]を使用）としている。

図3.7　本講座で用意したMoodle

図3.7の[第5章　2．変数の扱い]は，自学自習のための教科書（ここでは第5章2節）に相当する。

[ヒントと実行結果「2．変数の扱い」]は，実習課題を解くためのヒントと実行結果である。ヒントでは，どのようにプログラミングすればよいかというアドバイスや留意すべきことなどについて記載してある。実行結果では，実習課題の正しいプログラムを実行した結果の画面イメージ

を表示している。これによって，学生は実行結果と同じように表示できるようにプログラミングを行う。

[問5-2-1][問5-2-2] は，第5章2節の実習課題であり，この例では二つ用意してある。

3.2　Zoom

Zoomは，2013年からZoom Video Communications, Inc.によって公式サービスが開始された。もともとビデオ通信による会議システムサービスであり，企業での利用が主であった。しかし，コロナ禍になるとともに，学校のオンライン授業にも活用されるようになった。

本学でも，2020年度から全学レベルでZoomを導入しており，全科目でオンライン授業を実施した。このため，教員および学生全員に対してZoomのアカウントが用意された。その後，コロナ禍も下火になりつつあり，Zoomによるオンライン授業の必要性は低くなっているが，本講座では個別指導においてZoom（ブレイクアウトルーム）を利用している。

3.2.1　Zoomの起動

Moodleのコース[プログラミング基礎] を起動すると，トップページ画面の[連絡事項]のところに，教員があらかじめ予約設定したミーティングルームのURLおよびミーティングIDとパスコードが表示されている（図3.8）。

図3.8　Zoomのミーティングルーム用URL

このURLをクリックし，[Zoom Meetingを開く]ボタンを押すと接続画面が表示される。もし表示されない場合は，Zoomクライアントを別途インストールする必要がある。

Zoomのミーティングルームに入室後，[コンピュータ オーディオで参加] ボタンを押し，[オーディオ]と[ビデオ]を停止（斜めの赤ラインが表示）する。ビデオを開始すると，パソコンの蓋の上部にあるカメラが起動し，顔を写し出すことができる。また，ミュートを解除すると，カメラの横にあるマイクが起動し，音声を出すことができる。

以前の個別指導では，実習室の教卓に学生を一人ずつ呼び出し，教員対学生1対1で質疑応答

を行っていた。現在の個別指導では，実習室において，Zoomのブレイクアウトルームを用いている。

　ブレイクアウトルームとは，ミーティングルームの中に設置する小部屋のことである。小部屋に入室した学生とホストである教員が1対1で会話ができ，他の小部屋とは遮断されている。このため，学生は他の学生を気にすることなく質疑応答ができる。

3.2.2　Zoomの利用

　教員は，授業参加者数分のブレイクアウトルームをアットランダム（順番を均等に割り当てるため）に開設し，学生毎にブレイクアウトルームを割り当てる。学生は指定されたブレイクアウトルームに一人だけ入室しており，教員は [ルーム1] から順番に巡回していく。

　ブレイクアウトルームでは，学生はマイクを介して質疑応答ができるだけでなく，画面の [共有]によって自分のプログラムソースコードを画面に表示することができる。これによって，教員も学生のソースコードを閲覧できるようになり，教員によるきめ細かい指導が可能となる。さらに，学生は [ヘルプを求める] ボタンで，追加質問もできる。

3.3　実習方法

　本講座では，授業中あるいは授業外において，Moodleを用いた自学自習ベースの実習を行うことを前提としている。授業中においては，Zoomによる個別指導を受ける。授業外においては個別指導ができないので，その代わりにMoodleのフォーラムによる質疑応答で対応できるようにしている。

3.3.1　フォーラムによる質疑応答

　本来，フォーラムは参加者全員による閲覧が前提となる。これにより，プログラミングに関する質疑応答を他の学生も参照できるという利点がある一方，学生同士で勝手に真似をしてしまうという問題が生じた。

　そこで，参加者全員ではなく，教員と学生一人だけのフォーラムを用意することにした。これは，教員がフォーラムを設定する際に，学生一人だけという [アクセス制限] をかけることで可能になる。

　[個人用フォーラム] には，学籍番号順に学生個々のフォーラムを並べてある（図3.9）。

第3章　自学自習の進め方

図3.9　学生個人のフォーラム①

　自分の学籍番号である[xxxxxxxxのフォーラム]をクリックし，[ディスカッショントピックを追加する]ボタンを押すとメッセージが入力できる画面になる（図3.10）。

図3.10　学生個人のフォーラム②

　[件名]（入力必須）には，表題（実習課題番号など）を入力する。[メッセージ]（入力必須）には，テキスト形式で質問内容を入力する。その際に，ソースコードをコピー&ペーストすることも可能だが，下段にある[高度]をクリックすると[添付ファイル]欄が表示され，ここにHTMLファイルをドラッグすることができる。入力が終わってから[フォーラムに投稿する]ボタンを押すことで，フォーラムにメッセージや添付ファイルがアップロードされる（図3.11）。

図3.11 学生個人のフォーラム③

その後，多少のタイムラグが生じるが，教員が返信をすることで個別指導が可能になる。

3.3.2 実習の進め方

授業中および授業外における実習の進め方については，次のようになる。

(1) 実習課題のテンプレートのコピー

Moodleでコース[プログラミング基礎]を選び，図3.7において，教科書，実習課題のヒントと実行結果を講読する。その上で，[小テスト]の実習課題を表示する（図3.12）。

図3.12の画面は，実習課題のテンプレートになる。上部の<!--から-->までは，HTMLのコメント行であり，プログラムの仕様を日本語で記載してある。次の<!DOCTYPE html>から</html>までは，HTMLのソースコードである。

図3.12　実習課題①

各タグの意味は，表3.1のようになる。ここで，全行をコピーする。

表3.1　実習課題②

HTMLのタグ	説明
<!DOCTYPE html>	HTML文書がHTML5に準拠
<html lang="ja">	HTMLタグの開始，HTML文書が日本語で書かれていることを指定
<head>	ヘッダータグの開始，HTML文書のメタデータを記述
<meta charset="UTF-8">	HTML文書の文字コードはUTF-8
<title> 実習課題番号 </title>	タイトルタグであり，画面左上に表示
</head>	ヘッダータグの終了
<body>	ボディータグの開始，ブラウザで表示される内容を記述
<h1> ヘッダタイトル </h1>	見出し（階層の中で最も高いレベル）
<hr>	水平線の表示
<p>	段落タグの開始，テキストブロック単位に区切る
<script>	スクリプトタグの開始，次行にJavaScriptのソースコードを記述
/*　コメント　*/	コメント行
</script>	スクリプトタグの終了
</p>	段落タグの終了
</body>	ボディータグの終了
</html>	HTMLタグの終了

(2)JavaScriptのプログラミングとファイルの保存

VS Codeを起動して，[ファイル]の[新しいテキスト ファイル]をクリックし，ここにコピーしたHTMLのソースコードをペーストする（図3.13）。

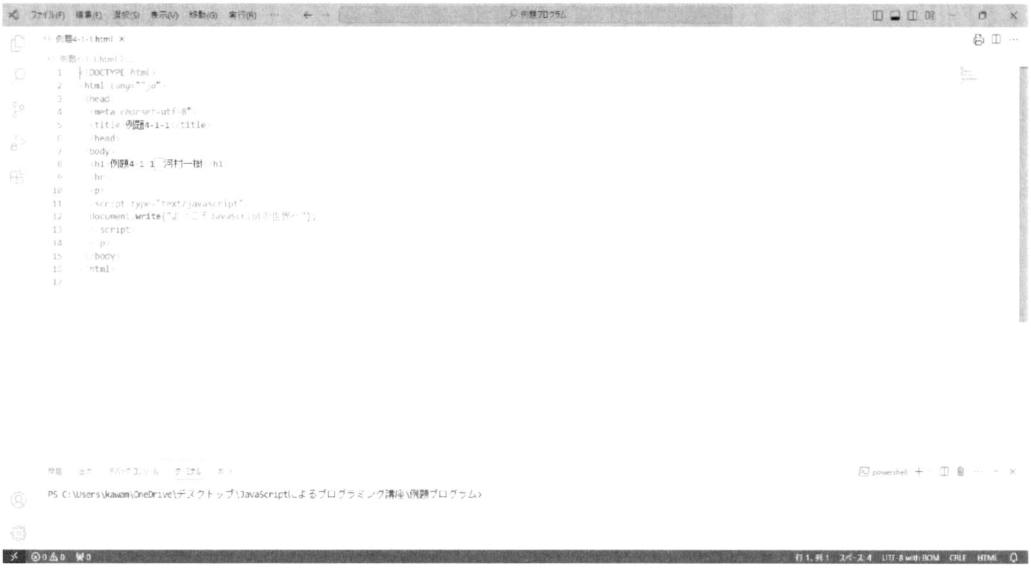

図 3.13　VS Code の画面

　上部にある日本語によるプログラム仕様をもとに，<script> タグの中に JavaScript のソースコードを入力する。その際に，Moodle の [ヒントと実行結果]（図 3.7）を参照するとよい。また，入力にあたっては，フリーフォーマットではあるが，ブロック単位でインデント（字下げ）をしたり，1 行に 1 命令といった形で，構造的で見やすいコーディングを心がけるとよい。

　入力後，[ファイル (F)] [名前を付けて保存] をクリックする。プルダウンメニューの [ファイル名 (N):] には toi○-○-○（toi-章番号-節番号-問題の通番）を，[ファイルの種類 (T):] には HTML を，それぞれ指定する。これによって，toi○-○-○.html という HTML ファイルになる。

　ファイルの保存先については，次のどれかになる。

①USB メモリ

　簡単に持ち運びができるので，大学内だけでなく大学外でも利用できる。このため，授業外でも自学実習を行う場合には有効である。ただし，パソコンにつけたりはずしたりするときに，部品が破損してアクセスできなくなる可能性があるので取り扱いには注意が必要である。また，携帯性に優れている分，紛失したり，共用パソコンにつけっぱなしにしたりしないように気を付ける必要もある。

②N ドライブ

　本学では学内のファイルサーバにおいて，すべての在校生毎に 500Mbyte の領域を与えている。学内システムにログインすると，N ドライブとしてアクセスできるようになっている。ここに，自分のファイルをフォルダ毎に保存しておくことができる。ただし，学内でしかアクセスできない。

③One Drive

　大学として Microsoft365 に契約しており，学生も利用できる。Microsoft365 には，Word・Excel・PowerPoint・Outlook の他に，クラウドストレージサービスとして OneDrive がある。これにより，学内外でもアクセスできるようになる。具体的には，次のようになる。

　まずブラウザで，次の URL を指定する。

https://www.office.com

これによって，Microsoft365のトップ画面が表示される。このように，必ずブラウザからアクセスすること。インストールしたOneDriveのアプリからアクセスしても，権限の制約から最終的にはつながらない。サインインした後，左上の「アプリ起動ツール」（9個の点のマーク）をクリックし，[OneDrive]をクリックする（図3.14，赤四角で囲んだ箇所）。

図3.14　Microsoft365のトップ画面（囲みは筆者による）

[ホーム]の下の[自分のファイル]をクリックする（図3.15）。

図3.15　[自分のファイル]の画面（囲みは筆者による）

ここで，[＋新規]をクリックすると，新しくフォルダを作ることができる。4年間使うことができるので，フォルダ名に履修した科目名を指定すると，科目毎に作成したディジタルコンテンツ（レポート課題，スライド，卒業論文，画像，…など）を入れておくことができる。

自分のパソコンに置いてあるファイルをアップロードしたい場合は，「＋新規追加」ボタンをクリックする。そうすると，自分のパソコンのエクスプローラが起動するので，アップロードしたいファイルを指定して[開く]をクリックする。OneDriveの自分のファイルにファイルがアップロードされる（図3.16）。

図3.16　アップロードの画面（囲みは筆者による）

一方，OneDriveにあるファイルをダウンロードしたい場合は，自分のファイルにあるファイルを右クリックする。プルダウンメニューが表示され，その中にある[ダウンロード]をクリックする。そうすると，自分のパソコンのエクスプローラが起動するので，ダウンロード先（例えば，デスクトップ上）を指定する。こうすることで，OneDriveにあったファイルにアクセスできるようになる。

以上のように，OneDriveでは，クラウドストレージ上のファイルの置き場所に，ローカルなパソコンでアップロードするか，ダウンロードすることでファイルの管理ができる（図3.17）。

図3.17 クラウドストレージサービス

(3) プログラムのデバッグ

　入力と保存を終えたプログラムについては，日本語の仕様通りに動くかどうかを確認する必要がある．プログラムは本来人間が作成するので，何らかのヒューマンエラーが紛れ込む可能性がある．このことを，バグ(bug)（エラーや欠陥のこと），さらに，そのバグを取り除くことをデバッグ(debug)と呼ぶ．

　デバッグは，VS Codeで行う．メニューバーにある[実行(R)]をクリックし[デバッグなしで実行]をクリックする．プルダウンメニューが表示され，その中の[Webアプリ(Chrome)]を選ぶ（図3.18）．

　バグがなければ，実行結果の画面が表示され，図3.7の[ヒントと実行結果]と同じ画面表示であればOKとなる．そうでない場合は，ロジック（処理手順）に何らかの間違いがあるので，ソースコードを見直す必要が生じる．

　画面に何も表示されない場合は，構文エラーなどが考えられるので，ファンクションキー12 (F12)をクリックする．すると，図3.19のような画面が表示される．[Console]画面の右端にエラー箇所の個数が表示され，下段にそのエラーメッセージ（英文）が表示される．これを見て該当するソースコードの箇所を修正しながら，エラーがなくなるまで繰返す．

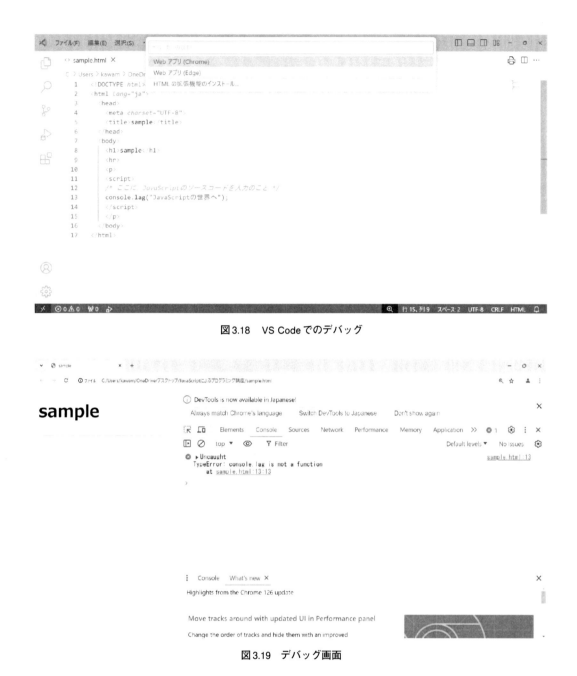

図 3.18　VS Code でのデバッグ

図 3.19　デバッグ画面

(4) プログラムの提出

デバッグを終えたプログラム（toi○-○-○.html）は，Moodleにアップロードすることで課題提出となる。このため，再度Moodleの[小テスト]を開く（図3.20）。

図3.20　[小テスト]での提出

　画面の上部にはHTMLのソースコードが表示されているが，その下の空欄に，出来上がったプログラムのソースコードをコピー&ペーストするとともに，[ファイル]欄に，プログラムのファイル（toi○-○-○.html）をドラッグする。その上で，下段右にある[テストを終了する]ボタンを押し，画面が変わり[すべての解答を送信して終了する]ボタンを押すことによって提出を終えることができる。

(5) プログラムの評定

　Moodleにアップロードされた実習課題は，教員側で評定することができる。教員は，[小テスト]にコピー&ペーストされたプログラムのソースコードを参照した上で，ドラッグされたhtmlファイルを実行して動作確認を行う。その結果，表3.2のような視点（表3.2）に基づき評点を与える。

表3.2　評価の基準

評定	評点	判定事項
OK	10点	画面の上部には，課題番号（問○-○-○）と自分の名前，および，水平線が，その下に，実行結果通りの画面が表示されていること
軽微なエラー	5点	プログラムを実行すると，画面は一応表示されるが，実行結果通りにはなっていない箇所があったり，レイアウトがずれている
重度なエラー	0点	ファイル名が違っていたり，文字化けを起こしていたり，プログラムを実行しても何も表示されない

　学生は，Moodleの[ナビゲーション]の[評定]で，提出した実習課題の評点を確認することができる。また，教員からは，評点だけでなくコメント（エラーの原因や修正のアドバイスなど）を与えることで，学生はそれを参照することができる。もし10点でない場合は再度デバッグを行い，10点になるまで繰返す。

以上，第3章では，MoodleとZoomを使った実習方法について具体的に取り上げた。章のはじめで述べたように，これらの実習内容についてはあくまでも本学独自の環境に準じた形になっている。

このため，他大学の場合，それぞれに応じた実習環境を利用することになる。ただし，Moodleのような学習管理システムを使うことで，授業外での自学自習も可能となるので，効率よく実習を進めることもできる。

第4章

JavaScriptの基本編

本章では，JavaScriptでプログラミングする際の基本的な内容について取り上げる。具体的には，変数，入出力文，代入文，演算式，分岐，繰返し（反復），配列，関数について，JavaScriptではどのようにプログラムするのかについて説明する。また，各節の終わりには実習課題を用意しており，Moodleを使って実習を行うこと。

4.1 画面への出力

画面出力のプログラムとは，データを入力することなく，JavaScriptのソースコードに記述したテキストをそのまま画面に表示するというものである。これには，いくつかの方法がある。

4.1.1 document.write文

最も簡単なプログラムはdocument.write文を使うもので，構文は，次のようになる。

```
document.write("文字列");
```

document.write()は，documentオブジェクトのwriteメソッドを，括弧内の文字列を引数にして呼び出すという意味になる。その文字列は，シングルクォテーション「'」かダブルクォテーション「"」のいずれかで囲む必要がある。

例えば，「ようこそJavaScriptの世界へ」と画面に出力するプログラム（例題4-1-1：この例題プログラムの番号は，章番号-節番号-問題の通番としている）は，図4.1となる。

```html
<!DOCTYPE html>
<html lang="ja">
 <head>
  <meta charset="UTF-8">
  <title>例題4-1-1</title>
 </head>
 <body>
  <h1>例題4-1-1　河村一樹</h1>
  <hr>
  <p>
  <script type="text/javascript">
  document.write("ようこそJavaScriptの世界へ ");
  </script>
  </p>
 </body>
</html>
```

図4.1　例題4-1-1のソースコード

図4-1の11-13行目がJavaScriptのソースコードとなる。プログラムの実行結果は，図4.2のようになる。

例題4-1-1　河村一樹

ようこそJavaScriptの世界へ

図4.2　例題4-1-1の実行結果

　文字列と変数（4.2で説明）を複数つなげて表示する場合は，プラス「+」かカンマ「,」で前後を連結する。
　例えば，

```
document.write("文字列"+<変数>+"文字列");
```

あるいは，

```
document.write("文字列",<変数>,"文字列");
```

とする。
　また，表示する文字列の途中で改行したい場合は，ダブルクォテーションで囲んだ中に
を入れる。
　例えば，

```
document.write("1行目です。<br>");
document.write("2行目です。<br>");
document.write("3行目です。");
```

とする。
　例題4-1-1に改行を入れたプログラム（例題4-1-2）は，図4.3となる。

```html
<!DOCTYPE html>
<html lang="ja">
 <head>
  <meta charset="UFT-8">
  <title>例題4-1-2</title>
 </head>
 <body>
  <h1>例題4-1-2　河村一樹</h1>
  <hr>
  <p>
  <script type="text/javascript">
  document.write("ようこそ<br>JavaScriptの世界へ");
  </script>
  </p>
 </body>
</html>
```

図4.3　例題4-1-2のソースコード

プログラムの実行結果は，図4.4のようになる。

例題4-1-2　河村一樹

ようこそ
JavaScriptの世界へ

図4.4　例題4-1-2の実行結果

4.1.2　HTML要素

　例題4-1-1のプログラムでは，ページを読み込んだ後にwriteメソッドを実行すると，ページの内容が上書きされてしまう。

　このため，HTMLの要素に直接書き込む方法もある（図4.5）。

```
<!DOCTYPE html>
<html lang="ja">
    <head>
        <meta charset="UTF-8">
        <title>例題4-1-3</title>
    </head>
    <body>
        <h1>例題4-1-3　河村一樹</h1>
        <hr>
        <div id="writing"></div>
        <script>
        document.getElementById("writing").innerHTML="
ようこそJavaScriptの世界へ ";
        </script>
    </body>
</html>
```

図4.5　例題4-1-3のソースコード

4.1.3　アラートダイアログ

　画面の出力ということでは，アラート(alert)ダイアログを使うこともできる（図4.6）。

　ただし，この場合は警告を喚起するときに限定した方がよい。実行すると，アラート画面が表示される（図4.7）。

```html
<!DOCTYPE html>
<html lang="ja">
    <head>
        <meta charset="UTF-8">
        <title>例題4-1-4</title>
    </head>
    <body>
        <h1>例題4-1-4　河村一樹</h1>
        <hr>
        <script>
        alert("ようこそJavaScriptの世界へ ");
        </script>
    </body>
</html>
```

図4.6　例題4-1-4のソースコード

図4.7　例題4-1-4の実行結果

4.1.4　コンソール画面

デバッグでよく使われるコンソール(console.log)画面に出力することもできる（図4.8）。

```html
<!DOCTYPE html>
<html lang="ja">
    <head>
        <meta charset="UTF-8">
        <title>例題4-1-5</title>
    </head>
    <body>
        <h1>例題4-1-5　河村一樹</h1>
        <hr>
        <script>
        let x=100;
        console.log("xの値は"+x);
        </script>
    </body>
</html>
```

図4.8　例題4-1-5のソースコード

　例えば，プログラムのある変数の値が何になっているか（xは100）を調べたいときに利用する。この場合，プログラムを実行後にファンクション12（F12）を押すとコンソール画面が表示され，そこに「xの値は100」と表示される（図4.9）。

図4.9　例題4-1-5の実行結果

これによって，プログラムを実行した際に，ある変数がどうなっているかがわかることで，エラーが見つけやすくなる。

以上の中で，本講座では基本的なプログラミングを個人で学ぶことを前提としているので，画面の出力についてはdocument.write文を使うことにする。

実習課題
問4-1-1
　自宅の住所と電話番号を画面に表示せよ。
※　本学の実習環境では，Moodle[コース概要]で[ウェブアプリ論　春学期・通年]を選び，[第4章　1．画面への出力]の[問4-1-1]をクリックすると，問4-1-1の実習課題が入っている（図4.10）。

図4.10　問4-1-1の実習課題

4.2　変数の扱い

　プログラムでデータを処理する場合，データをメモリ上に格納する必要がある。この格納場所が変数に相当する。ただし，格納場所の位置（アドレス）や長さを指定する必要はなく，変数に付けた名前により操作することができる。
　変数の宣言では，名前（変数名），データ型（整数型，浮動小数点型，文字型，論理型，配列型，クラス型，インタフェース型，列挙型，…）などを指定する。厳密なプログラミング言語では，プログラムで使用するすべての変数をあらかじめ宣言しておかなければならない。

JavaScriptで変数名を付けるときには，次のような規則やベストプラクティス（慣習）がある。
・1文字目は，アルファベット「aからzまで，AからZまで」，アンダーバー「_」，ドル記号「$」
　のみ使用可
・2文字以降からは，数字の使用可
・ハイフン「-」は使用不可（演算子の減算を意味するため）
・大文字と小文字は区別すること
・JavaScriptの予約語（if，else，function，…）は使用不可
・意味のある名前付け（その変数が何を表しているかがわかるように）
・キャメルケース（複数の単語をつなげるとき最初の単語を大文字に）の使用
・constで宣言した変数（定数）は，すべて大文字とアンダーバーで区切る（たとえば，「MIN_COUNT」）

変数の宣言については，次のものがある。

4.2.1　var

varで宣言された変数は，宣言された関数の中で，あるいは，関数の外で宣言された場合はグローバルでそれぞれ使用できる。再代入や再宣言も可能である。
構文は，次のようになる。

```
var <変数>;
```

変数を宣言した段階では，この変数の中身に何も入っていないので未定義(undefined)となっており，データ型も不明になっている。このため，何らかの値を代入することで，データ型が確定する。代入には，等号記号「=」を用いる。
構文は，次のようになる。

```
var <変数>=<値>;
```

これによって，右辺の<値>が左辺の変数に代入（上書き）される。例えば，数値を代入する（goukeiという変数を0にする）場合は，

```
var goukei=0;
```

とする。
文字を代入する（komentoという変数を「コメント」にする）場合は，

```
var komento="コメント";
```

とする。

4.2.2　let

　letで宣言された変数は，宣言されたブロック，文，式の中でのみアクセスできる。再代入は可能だが，再宣言は不可となる。
　構文は，次のようになる。

```
let <変数>;
```

　値の代入については，varと同様である。
　構文は，次のようになる。

```
let <変数>=<値>;
```

4.2.3　const

　constで宣言された変数（定数）は，letと同じようにブロック内でのみアクセス可能である一方で，再代入や再宣言は不可となる。定数であるので，宣言するときに値を代入しておく必要がある。
　構文は，次のようになる。

```
const <変数>=<値>;
```

　以上の中で，最近のJavaScriptでは，varは使わずに，letとconstを使い分ける（letは変数が後で変更される可能性がある場合，constは変数が変更されない場合）ことが推奨されている。
　変数mojiに「ようこそJavaScriptの世界へ」という文字列を代入し画面に表示するプログラム（例題4-2-1）は，図4.11となる。

```html
<!DOCTYPE html>
<html lang="ja">
    <head>
        <meta charset="UTF-8">
        <title>例題4-2-1</title>
    </head>
    <body>
        <h1>例題4-2-1　河村一樹</h1>
        <hr>
        <script>
        let moji="ようこそJavaScriptの世界へ ";
        document.write(moji);
        </script>
    </body>
</html>
```

図4.11　例題4-2-1のソースコード

このプログラムの実行結果は，図4.12のようになる。

例題4-2-1　河村一樹

ようこそJavaScriptの世界へ

図4.12　例題4-2-1の実行結果

第4章　JavaScript の基本編

実習課題
問 4-2-1

　自宅の住所を変数 addr に，電話番号を変数 tel に，それぞれ代入する。その上で，各変数の中身を，次のように画面に表示せよ。

住所：・・・，電話番号：・・・

問 4-2-2

　問 4-2-1 において，住所と電話番号を 2 行にまたがって（改行）表示せよ。

住所：・・・↓　　　（注　↓は改行マークのこと）
電話番号：・・・

4.3　演算式の扱い

　演算式において，右辺の演算式による算術結果が右辺に代入されることになる。演算式には，次のようなものがある。

4.3.1　算術演算子

　算術演算子は計算式に用いられる演算子のことであり，表 4.1 のようなものがある。

表 4.1　算術演算子の種類

演算子	表記例	意味
+	x+y	変数 x の値と変数 y の値を加える
-	x-y	変数 x の値から変数 y の値を引く
*	x*y	変数 x の値と変数 y の値を掛ける
/	x/y	変数 x の値を変数 y の値で割る
%	x%y	変数 x の値を変数 y の値で割った余り

4.3.2　代入演算子

　代入演算子は算術演算子の短縮形である（表 4.2）。プログラミングに慣れてくると，使うことが多い。

表4.2　代入演算子の種類

演算子	説明	例
+=	右辺の値を左辺に足す	x+=y は，x=x+y と同じ
-=	右辺の値を左辺から引く	x-=y は，x=x-y と同じ
*=	右辺の値を左辺にかける	x*=y は，x=x*y と同じ
/=	右辺の値で左辺を割る	x/=y; は，x=x/y と同じ
%=	右辺の値で左辺を割った余りを得る	x%=y; は，x=x%y と同じ

4.3.3　インクリメント/デクリメント

　インクリメント/デクリメントは変数の値を1だけ増やす，あるいは，1だけ減らすという算術である。ただし，記述の仕方により動作が異なる。

(1)前置インクリメント

　インクリメント（増やす）を実行してからその値を戻す。
　構文は，次のようになる。

```
++<変数>
```

　例えば，

```
let x=1;
let y=++x;
```

の場合，xとyは2になる。

(2)後置インクリメント

　値を戻してからインクリメントを実行する。
　構文は，次のようになる。

```
<変数>++
```

　例えば，

```
let x=1;
let y=x++;
```

の場合，xは2，yは1になる。
　変数同士の平均値を求めるプログラム（例題4-3-1）は，図4.13となる。

第4章　JavaScriptの基本編

```html
<!DOCTYPE html>
<html lang="ja">
    <head>
        <meta charset="UTF-8">
        <title>例題4-3-1</title>
    </head>
    <body>
        <h1>例題4-3-1　河村一樹</h1>
        <hr>
        <script>
        let kokugo=80;
        let eigo=70;
        let sansuu=90;
        let sum,avg;
        sum=kokugo+eigo+sansuu;
        avg=sum/3;
        document.write("科目の平均点は，"+avg+"です。");
        </script>
    </body>
</html>
```

図4.13　例題4-3-1のソースコード

　このプログラムの実行結果は，図4.14のようになる。

例題4-3-1　河村一樹

科目の平均点は，80です。

図4.14　例題4-3-1の実行結果

実習課題
問4-3-1
　変数xに10を初期値として与える。次にxに20を加えたときの式を，次のように表示する。

```
10+20=30
```

　続いて，変数xを10に戻してから30を加えたときの式を，次のように表示する。

```
10+30=40
```

　以降，同様に繰返して，次のように表示する。

```
10+40=50
10+50=60
10+60=70
10+70=80
10+80=90
10+90=100
10+100=110
```

問4-3-2
　問4-3-1を，代入演算子を用いて表示せよ。

4.4 画面からの入力

　これまでのプログラムはいずれも出力するだけであったが，通常，プログラムは何らかのデータを入力して処理を行い，その結果を表示（出力）するという一連の動作を伴う。イメージ的には，図4.15のようになる。

図4.15　プログラムのIPOモデル

　ここでは，入力したデータを処理して，結果を出力するプログラムについて取り上げる。画面からデータを入力するためには，入力ダイアログボックスを用いる。これには，promptメソッドがある。
　構文は，次のようになる。

```
<変数>=prompt(<第1パラメータ>[,<第2パラメータ>]);
```

　第1パラメータは，入力ダイアログボックスの上部に入力ガイドして表示される。第2パラメータは，何も入力せずにリターンキーを押したときに初期値として代入する値を指定する。ただし，省略可能である。
　例えば，名前を入力するプログラム（例題4-4-1）は，図4.16のようになる。
　このプログラムの実行結果は，図4.17のようになる。
　ただし，promptメソッドは，文字あるいは文字列としてデータを受け取るので，document.write文中で加算（減算，乗算，除算は関係ない）を行うときは注意が必要になる。
　なぜならば，document.write文中の＋（プラス）は，前後の変数やコメントを連結するという仕様になっている。このため，例えば，二つの値の合計を表示するプログラム（例題4-4-2）は，図4.18のようになる。
　このプログラムの実行結果（1つ目には10を入力し，2つ目には20を入力した場合）は，図4.19のようになる。

4.4 画面からの入力

```html
<!DOCTYPE html>
<html lang="ja">
    <head>
        <meta charset="UTF-8">
        <title>例題4-4-1</title>
    </head>
    <body>
        <h1>例題4-4-1　河村一樹</h1>
        <hr>
        <script>
        let  namae;
        namae=prompt("あなたの名前を入力してください ","");
        document.write("あなたの名前は，"+namae+"です。");
        </script>
    </body>
</html>
```

図4.16　例題4-4-1のソースコード

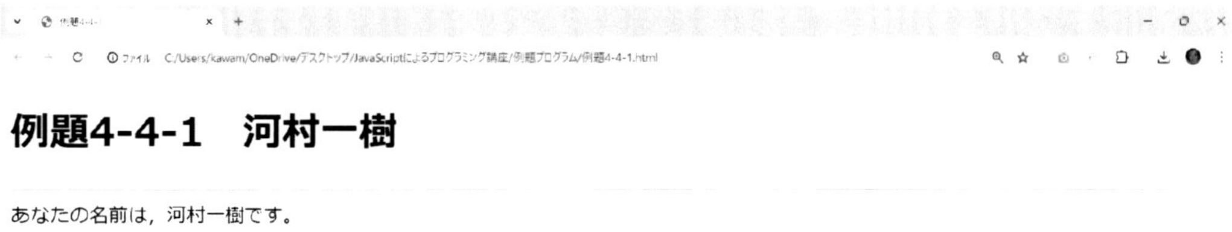

例題4-4-1　河村一樹

あなたの名前は，河村一樹です。

図4.17　例題4-4-1の実行結果

59

```
<!DOCTYPE html>
<html lang="ja">
    <head>
        <meta charset="UTF-8">
        <title>例題4-4-2</title>
    </head>
    <body>
        <h1>例題4-4-2　河村一樹</h1>
        <hr>
        <script>
        let x,y,wa;
        x=prompt("1つ目の値を入力してください ",x);
        y=prompt("2つ目の値を入力してください ",y);
        wa=x+y;
        document.write("2つの値の合計は，"+wa+"です。");
        </script>
    </body>
</html>
```

図4.18　例題4-4-2のソースコード

例題4-4-2　河村一樹

2つの値の合計は，1020です。

図4.19　例題4-4-2の実行結果

本来であれば，実行結果は30になるはずが，1020と表示されている。これは，document.write文中の＋を，10と20を文字と認識して10と20を連結したからである。

そこで，変数 x を数値に変換する parseInt() 関数（整数型に変換）や parseFloat 関数（浮動小数点型に変換）を用いる必要がある。

そのプログラム（例題4-4-3）は，図4.20のようになる。

```
<!DOCTYPE html>
<html lang="ja">
    <head>
        <meta charset="UTF-8">
        <title>例題4-4-3</title>
    </head>
    <body>
        <h1>例題4-4-3　河村一樹</h1>
        <hr>
        <script>
        let x,y,wa;
        x=prompt("1つ目の値を入力してください ",x);
        y=prompt("2つ目の値を入力してください ",y);
        x=parseInt(x);
        y=parseInt(y);
        wa=x+y;
        document.write("2つの値の合計は，"+wa+"です。");
        </script>
    </body>
</html>
```

図4.20　例題4-4-3のソースコード

このプログラムの実行結果（1020ではなく，30になっている）は，図4.21のようになる。

図 4.21　例題 4-4-3 の実行結果

実習課題

問 4-4-1
　正方形の 1 辺の値を画面から入力し，その正方形の面積（1 辺×1 辺）を表示せよ．

問 4-4-2
　半径の値を画面から入力し，その円の面積（半径×半径×3.14）を求めて表示せよ．

問 4-4-3
　自分の名前を画面から入力し，その名前を次のような文の○○○○に埋め込んで表示せよ．

あなたの名前は，○○○○です．

問 4-4-4
　5 桁の金額を画面から入力し，次のように画面に表示せよ．ただし，除算の結果に対して切り捨てを行うオブジェクトメソッドは，Math.floor(<変数名>)を用いよ．

1万円札は○枚，
千円札は○枚，
百円玉は○個，
十円玉は○個，
一円玉は○個

問 4-4-5
　画面から二つの値をそれぞれ入力し，二つの値の和，差，積，商，剰余を求めて，次のように表示せよ．

二つの値の和は，○である。

二つの値の差は，○である。

二つの値の積は，○である。

二つの値の商は，○である。

二つの値の剰余は，○である。

4.5 選択文

4.4までのプログラムは，いずれもソースコードの並び（下方向）にしたがって，順番に実行されるというものであった。

これに対して，ある条件の真あるいは偽に応じて，処理が異なるという選択処理がある。JavaScriptでは，if文とswitch文という構文が用意されている。

4.5.1 if文

条件が真のときだけ，処理を行うというif文である。構文は，次のようになる。

```
if (<条件文>) {
    <文>;
}
```

＜条件文＞については，

<変数><比較演算子><変数>|<値>

となる。|は，「あるいは」という意味である。

＜比較演算子＞については，表4.3のようになる。

表4.3 比較演算子

演算子	意味	例
==	等しい	x==y：x と y が等しいとき
!=	等しくない	x!=y：x と y が等しくないとき
>	より大きい	x>y：x が y より大きいとき
>=	以上	x>=y：x が y 以上のとき
<	より小さい	x<y：x が y がより小さいとき
<=	以下	x<=y：x が y 以下のとき
===	完全等価	x===y：x と y の値およびデータ型が等しいとき

評価が60点以上だと合格と表示するプログラム（例題4-5-1）は，図4.22のようになる。

このプログラムの実行結果（評点に60以上の値を入力したとき）は，図4.23のようになる。

```html
<!DOCTYPE html>
<html lang="ja">
    <head>
        <meta charset="UTF-8">
        <title>例題4-5-1</title>
    </head>
    <body>
        <h1>例題4-5-1　河村一樹</h1>
        <hr>
        <script>
        let hyouka;
        hyouka=prompt("評点を入れてください ");
        if (hyouka>=60) {
            document.write("合格です。 ");
        }
        </script>
    </body>
</html>
```

図4.22　例題4-5-1のソースコード

例題4-5-1　河村一樹

合格です。

図4.23　例題4-5-1の実行結果

また，論理演算子については，表4.4のようなものがある。これらは，条件が複数に及んだ場合，条件同士を結び付ける演算子である。

表4.4　論理演算子

演算子	意味	例
&&	論理積	x&&y は，x かつ y の場合
||	論理和	x||y は，x あるいは y の場合
!	論理否定	!x は，x でない場合

4.5.2　if else文

(1)のif文は真の場合しか処理しないことになるが，条件は真だけでなく偽のときもある。その場合は，if else文を用いて次のような構文になる。

```
if (<条件文>) {
    <文1>;}
else {
    <文2>;
}
```

これより，条件が真のときは＜文1＞を，偽のときは＜文2＞を行う。＜文1＞と＜文2＞の開始位置は字下げをして右（半角空白をいくつか挿入）にずらすとともに，elseの閉じ中括弧「}」は改行してelseの位置と合わせることで，構造的に見やすくなる。

また，＜文1＞や＜文2＞の中にif文を入れて，ネスト構造にすることもできる。

その場合の構文は，次のようになる。

```
if (<条件文1>) {
    <文1>;} // <条件文1>が真のときの処理
else {
    if (<条件文2>) {
        <文2>;} // <条件文1>が偽で，<条件文2>が真のときの処理
    else {
        if (<条件3>) {
            <文3>; // <条件文1>と<条件文2>が偽で，<条件文3>が真のときの処理
        else {
            <文4>; // すべての条件が偽のときの処理
        } // <条件3>のif文の終わり
    } // <条件2>のif文の終わり
} // <条件1>のif文の終わり
```

例題4-5-1において，60点未満の場合は「不合格です。」と表示するプログラム（例題4-5-2）は，図4.24のようになる。

65

```
<!DOCTYPE html>
<html lang="ja">
    <head>
        <meta charset="UTF-8">
        <title>例題4-5-2</title>
    </head>
    <body>
        <h1>例題4-5-2　河村一樹</h1>
        <hr>
        <script>
        let hyouka;
        hyouka=prompt("評点を入れてください");
        if (hyouka>=60) {
            document.write("合格です。");}
        else {
            document.write("不合格です。");
        }
        </script>
    </body>
</html>
```

図4.24　例題4-5-2のソースコード

このプログラムの実行結果（評点に50の値を入力したとき）は，図4.25のようになる。

例題4-5-2　河村一樹

不合格です。

図4.25　例題4-5-2の実行結果

4.5.3　else if文

複数の条件を順番に判定する場合に用いる。単一のif文に続けて，複数のelse if文をつなげることができ，最後にelse文をつける。

その場合の構文は，次のようになる。

```
if (<条件文1>) {
    <文1>;} // <条件文1>が真のときの処理
else if (<条件文2>){
    <文2>;} // <条件文1>が偽で，<条件文2>が真のときの処理
else if (<条件文3>) {
    <文3>;} // <条件文1>と<条件文2>が偽で，<条件文3>が真のときの処理
else {
    <文4>; // すべての条件が偽のときの処理
}
```

点数を入力して優・良・可・不可の評価を表示するプログラム（例題4-5-3）は，図4.26のようになる。

第 4 章　　JavaScript の基本編

```html
<!DOCTYPE html>
<html lang="ja">
    <head>
        <meta charset="UTF-8">
        <title>例題4-5-3</title>
    </head>
    <body>
        <h1>例題4-5-3　河村一樹</h1>
        <hr>
        <script>
          let ten;
          ten=prompt("点数を入力してください ",0);
          if (ten>=80) {
              document.write("成績は優です。 ");}
          else if (ten>=70) {
              document.write("成績は良です。 ");}
          else if (ten>=60) {
                  document.write("成績は可です。 ");}
          else {
              document.write("成績は不可です。 ");
          }
        </script>
    </body>
</html>
```

図4.26　例題4-5-3のソースコード

　このプログラムの実行結果（点数に50の値を入力したとき）は，図4.27のようになる。

例題4-5-3　河村一樹

成績は不可です。

図 4.27　例題4-5-3の実行結果

4.5.4　switch文

if文は二者択一の分岐であったが，switch文は多岐分岐となる。つまり，複数の条件によって処理が異なる場合であり，else if文と同じロジックになる。

その構文は，次のようになる。

```
switch (<変数>) {
    case <値1>: // セミコロンではなくコロン
        <文1>; // <変数>が<値1>のときの処理
        break; // switch文の終わりへ
    case <値2>:
        <文2>; // <変数>が<値2>のときの処理
        break;
        …
    default:
        <以外の文>; // <変数>が上記の値以外のときの処理
} // switch文の終わり
```

例題4-5-12においてswitch文を使ったプログラム（例題4-5-4）は，図4.28のようになる。このプログラムの実行結果（点数に50の値を入力したとき）は，図4.29のようになる。

```html
<!DOCTYPE html>
<html lang="ja">
    <head>
        <meta charset="UTF-8">
        <title>例題4-5-4</title>
    </head>
    <body>
        <h1>例題4-5-4　河村一樹</h1>
        <hr>
        <script>
          let ten,seiseki;
          ten=prompt("点数を入力してください ",0);
          if (ten>=80) {
              seiseki="A";}
          else {
              if (ten>=70) {
                seiseki="B";}
              else {
                  if (ten>=60) {
                      seiseki="C";}
                  else {
                      seiseki="D";
                  }
              }
          }
          switch (seiseki) {
              case "A":
                  document.write("成績は優です。 ");
                  break;
              case "B":
                  document.write("成績は良です。 ");
                  break;
              case "C":
                  document.write("成績は可です。 ");
                  break;
              default:
                  document.write("成績は不可です。 ");
          }
        </script>
    </body>
</html>
```

図4.28　例題4-5-4のソースコード

図 4.29　例題 4-5-4 の実行結果

実習課題

問 4-5-1
　画面から変数 kazu に数値を入力して，kazu の値が 0 以上のときだけその値を表示せよ．

問 4-5-2
　画面から変数 moji に 1 文字を入力して，moji が "A" でないときその値を表示せよ．

問 4-5-3
　画面から変数 moji に 1 文字を入力して，moji の値が小文字のときは「入力された値は，小文字です．」を，それ以外は「入力された値は，大文字です．」を表示せよ．

問 4-5-4
　if else 文を用いて，画面から変数 x と変数 y に数値を入力して，x と y が正のときに「ともに正である．」を，x が正で y が負のときに「x は正で y は負である．」を，x が負で y が正のときに「x は負で y が正である．」を，x と y がともに負のときに「ともに負である．」を，それぞれ表示せよ．

問 4-5-5
　else if 文を用いて，画面から 1 文字を入力し，"A" のときに「America」を，"B" のときに「Britain」を，"C" のときに「Canada」を，それ以外のときに「etc」を，それぞれ表示せよ．

問 4-5-6
　問 4-5-5 を，switch 文だけを用いてプログラミングせよ．

問 4-5-7
　if 文と switch 文を用いて，画面から 1 文字を入力し，0 から 9 までのときに「数字です．」を，a から z までのときに「小文字です．」を，A から Z までのときに「大文字です．」を，それぞれ表示せよ．

第4章　JavaScriptの基本編

4.6　繰返し文

　4.5までは，各文を上から下に向かいながら1回だけ実行して終了するというロジックになっている。これに対して，複数回，文を繰返すというロジックもある。そのために，JavaScriptでは，for文，while文，do while文がある。

4.6.1　for文

　for文は繰返す回数があらかじめ決まっている場合に用いる。
　構文は，次のようになる。

```
for (<初期値>;<繰返し条件>;<増減値>) {
    <文>;
}
```

　繰返し処理は，制御変数で繰返す回数を制御する。for文の括弧の中の第1パラメータで，制御変数に<初期値>を代入する。第2パラメータにより<繰返し条件>を指定し，その<繰返し条件>が真の間，<文>を繰返す。

　第3パラメータにより制御変数の増減を行う。例えば，制御変数（i）を1ずつ加算する場合はi++，2ずつ減らす場合はi-=2となる。

　1から100までを加算するプログラム（例題4-6-1）は，図4.30となる。

　このプログラムの実行結果は，図4.31のようになる。

　このように，for文の繰返しにより変数の合計を求めることがよくあるが，合計を計算する式では右辺の各変数の値が確定した上で計算を行い，その結果を左辺に代入することになる。例えば，例題4-6-1の「goukei+=i;」（goukei=goukei+i;のこと）において，右辺の各変数であるgoukeiとiの値が設定されている必要がある。

　この場合，iについてはfor文の第1パラメータで設定されており，goukeiについてはプログラムの最初の変数宣言において，初期値に0が代入されている。これらによって，右辺の各変数の値が確定しているので加算が問題なく行われ，その結果が左辺に代入されることになる。

4.6 繰り返し文

```
<!DOCTYPE html>
<html lang="ja">
  <head>
    <meta charset="UTF-8">
    <title>例題4-6-1</title>
  </head>
  <body>
    <h1>例題4-6-1　河村一樹</h1>
    <hr>
    <script>
      let i;
      let goukei=0;
      for (i=1;i<=100;i++) {
          goukei+=i;
      }
      document.write("1から100までの合計は，"+goukei+"です。");
    </script>
  </body>
</html>
```

図 4.30　例題 4-6-1 のソースコード

例題4-6-1　河村一樹

1から100までの合計は，5050です。

図 4.31　例題 4-6-1 の実行結果

4.6.2 while文

while文は前判定繰返しと呼ばれ，構文は，次のようになる。

```
<初期値>;
while (<繰返し条件>) {
    <文>;
    <増減値>;
}
```

これを流れ図で表すと，図4.32のようになる。

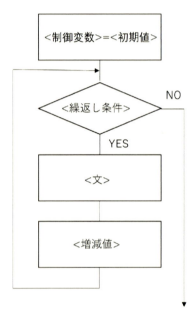

図4.32　while文の流れ図

＜繰返し条件＞は繰返し処理の前に実行するので前判定繰返しとも呼ばれ，＜繰返し条件＞が真の間，＜文＞を繰返す。

例題4-6-1を，while文を用いて書き換えたプログラム（例題4-6-2）は，図4.33となる。

このように，while文は，for文から規則的に変換できる。

4.6 繰返し文

```html
<!DOCTYPE html>
<html lang="ja">
   <head>
      <meta charset="UTF-8">
      <title>例題4-6-2</title>
   </head>
   <body>
     <h1>例題4-6-2　河村一樹</h1>
     <hr>
     <script>
       let goukei=0;
       let i=1;
       while (i<=100) {
         goukei+=i;
         i++;
       }
       document.write("1から100までの合計は，"+goukei+"です。");
     </script>
   </body>
</html>
```

図4.33　例題4-6-2のソースコード

4.6.3　do while文

do while文は後判定繰返しと呼ばれ，構文は，次のようになる。

```
<初期値>;
do {
    <文>;
    i++;}
while (<繰返し条件>)
```

これを流れ図で表すと，図4.34のようになる。

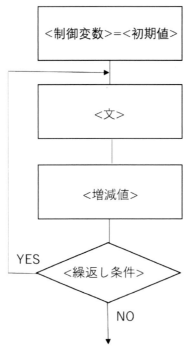

図4.34　do while文の流れ図

＜繰返し条件＞は繰返し処理の後に実行するので後判定繰返しとも呼ばれ，＜繰返し条件＞が真の間，＜文＞を繰返す。

例題4-6-1を，do while文を用いて書き換えたプログラム（例題4-6-3）は，図4.35となる。同様に，do while文も，for文から規則的に変換できる。

```
<!DOCTYPE html>
<html lang="ja">
    <head>
        <meta charset="UTF-8">
        <title>例題4-6-3</title>
    </head>
    <body>
        <h1>例題4-6-3　河村一樹</h1>
        <hr>
        <script>
          let goukei=0;
          let i=1;
          do {
            goukei+=i;
            i++;}
          while (i<=100)
          document.write("1から100までの合計は，"+goukei+"です。");
        </script>
    </body>
</html>
```

図4.35　例題4-6-3のソースコード

4.6.4　無限ループ

　無限ループとは，繰返し処理を無限に繰返すというロジックのことである。やり方については，次の2通りの方法がある。

(1)whileループ

　while文を使う方法で，＜繰返し条件＞が真 (true) の間，＜文＞を無限に実行する。

```
while (true) {
    <文>;
}
```

(2)forループ

　for文を使う方法で，ループの条件部分が空になっているので，＜文＞を無限に実行する。

第4章　JavaScriptの基本編

```
for ( ; ; ) {
    <文>;
}
```

　無限ループはプログラムをフリーズさせたりブラウザが応答しなくなったりするので，使用には注意が必要になる。ただし，意図的に無限ループを作り，ある条件が真になったときに脱出するというプログラムを作ることもできる。そのときに使う構文として，break文がある。

　例えば，正解（松井秀喜元プロ野球選手の背番号である55が入力されたとき）になるまで無限ループを繰返すプログラム（例題4-6-4）は，図4.36となる。

```
<!DOCTYPE html>
<html lang="ja">
  <head>
      <meta charset="UTF-8">
      <title>例題4-6-4</title>
  </head>
  <body>
    <h1>例題4-6-4　河村一樹</h1>
    <hr>
    <script>
      let bango;
      while (true) {
        bango=prompt("松井選手の背番号を入力してください ",0);
        if (bango==55) {
            document.write("正解です");
            break;
        }
      }
    </script>
  </body>
</html>
```

図4.36　例題4-6-4のソースコード

実習課題
問4-6-1
　for文の繰返しの制御変数をiとし，$1 \leqq i \leqq 100$において，すべての偶数の合計を求めよ。

問4-6-2

for文の繰返しの制御変数をiとし，1≦i≦100において，すべての奇数を表示せよ。

```
1  3  5  7  …  99
```

問4-6-3

for文の繰返しの制御変数をiとし，「-10，-12，-14，…，-20」と表示せよ。

```
-10  -12  -14  -16  -18  -20
```

問4-6-4

for文の繰返しの制御変数をiとし，1≦i≦100において，一つずつiを表示するが，その際に10個分表示したのち改行をすること。

具体的には，次のように表示せよ。

```
1 2 3 4 5 6 7 8 9 10
11 12 13 14 15 16 17 18 19 20
21 22 23 24 25 26 27 28 29 30
31 32 33 34 35 36 37 38 39 40
41 42 43 44 45 46 47 48 49 50
51 52 53 54 55 56 57 58 59 60
61 62 63 64 65 66 67 68 69 70
71 72 73 74 75 76 77 78 79 80
81 82 83 84 85 86 87 88 89 90
91 92 93 94 95 96 97 98 99 100
```

問4-6-5

for文を用いて，9×9の表を表示せよ。具体的には，次のように表示せよ。

```
    1  2  3  4  5  6  7  8  9
-----------------------------
1|  1  2  3  4  5  6  7  8  9
2|  2  4  6  8 10 12 14 16 18
3|  3  6  9 12 15 18 21 24 27
4|  4  8 12 16 20 24 28 32 36
5|  5 10 15 20 25 30 35 40 45
6|  6 12 18 24 30 36 42 48 54
7|  7 14 21 28 35 42 49 56 63
8|  8 16 24 32 40 48 56 64 72
9|  9 18 27 36 45 54 63 72 81
```

問 4-6-6

while 文を用いて，1 から 100 までの奇数の和を求めよ。

問 4-6-7

while 文を用いて，問 4-6-4 を書き変えよ。

問 4-6-8

while 文を用いて，問 4-6-5 を書き変えよ。

問 4-6-9

do while 文を用いて，1 から 100 までの偶数の和を求めよ。

問 4-6-10

do while 文を用いて，問 4-6-4 を書き変えよ。

問 4-6-11

do while 文を用いて，問 4-6-5 を書き変えよ。

4.7 配列の扱い

配列とは，複数の値を一つの変数として格納できるデータ構造である。配列の各要素は，インデックス（添え字）を使うことによってアクセスできる。

配列の宣言には，いくつかの方法がある。

4.7.1 new Array() による宣言

配列を Array オブジェクトとして扱い，new 演算子と Array コンストラクトを用いて宣言する。構文は，次のようになる。

```
let <配列>=new Array();
let <配列>=new Array(<要素数>);
let <配列>=new Array(<値1>,<値2>,…);
```

new Array() では，配列としてだけ宣言（配列の個数や値は未定）する。その宣言後に，要素の値を代入することもできる。具体的には，次のようになる。

```
let hairetu=new Array();
hairetu=(<値1>,<値2>, …);
```

new Array(<要素数>) は，配列に格納する要素の数があらかじめわかっているときの宣言である。この場合は，<要素数> 分の長さをもつ配列が作成され，すべての要素は undefined として初期化される。

new Array(<値1>,<値2>,…) は，配列に格納する要素の値をすべて列挙して宣言する。要素の値について，数値の場合は数字を，文字の場合はダブルクォテーションかシングルクォテー

ションで囲んだ文字列を，それぞれ指定する。

　要素の値を格納した配列において，各要素の値を参照する場合は，インデックスを用いる。JavaScriptでは，配列の先頭（左端）のインデックスは1ではなく0から始まり，右方向に1ずつ加算される。配列の後尾（右端）は，要素数-1となるが，＜配列＞.lengthとしてもよい（図4.37）。ただし，for文などの繰返し文で配列の最後尾まで繰返す場合，＜添え字＞＜＝＜配列＞.lengthではなく，＜添え字＞＜＜配列＞.lengthとする。

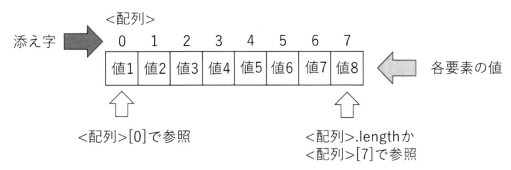

図4.37　配列の構成

　配列に1から10までの数値を格納した上で，配列の全要素を合計するプログラム（例題4-7-1）は，図4.38となる。

　このプログラムの実行結果は，図4.39のようになる。

```
<!DOCTYPE html>
<html lang="ja">
   <head>
      <meta charset="UTF-8">
      <title>例題4-7-1</title>
   </head>
   <body>
      <h1>例題4-7-1　河村一樹</h1>
      <hr>
      <script>
        let i,goukei=0;
        let hairetu=new Array(1,2,3,4,5,6,7,8,9,10);
        for (i=0;i<hairetu.length;i++) {
           goukei+=hairetu[i];
        }
        document.write("合計は，"+goukei+"です。");
      </script>
   </body>
</html>
```

図 4.38　例題 4-7-1 のソースコード

例題4-7-1　河村一樹

合計は，55です。

図 4.39　例題 4-7-1 の実行結果

4.7.2 配列リテラル[]による宣言

(1)の場合，引数の数や種類によって挙動が異なり，時には混乱を招くことがある。そこで，本講座では，配列リテラル[]を用いて宣言することにする。

構文は，次のようになる。

```
let <配列>=[<値1>,<値2>,…];
```

例題4-7-1を，配列リテラル[]を用いて書き換えたプログラム（例題4-7-2）は，図4.40となる。

```
<!DOCTYPE html>
<html lang="ja">
  <head>
    <meta charset="UTF-8">
    <title>例題4-7-2</title>
  </head>
  <body>
    <h1>例題4-7-2　河村一樹</h1>
    <hr>
    <script>
      let i,goukei=0;
      let hairetu=[1,2,3,4,5,6,7,8,9,10];
      for (i=0;i<hairetu.length;i++) {
          goukei+=hairetu[i];
      }
      document.write("合計は，"+goukei+"です。");
    </script>
  </body>
</html>
```

図4.40　例題4-7-2のソースコード

4.7.3 連想配列の宣言

連想配列とは，インデックスの代わりにキーと値のペアで配列の要素を構成するデータ構造である。

構文は，次のようになる。

```
let <配列>={<キー1>:<値1>,<キー2>:<値2>,…};
```

　連想配列に値を格納する場合は<配列>[<キー>]=<値>;，値を参照する場合は<変数>=<配列>[<キー>];，とそれぞれ記述する。また，連想配列においてfor文により繰返す場合の構文は，次のようになる。

```
for (<変数> in <配列>) {
    <文>;
}
```

　値段とお酒の種類の連想配列を宣言してから入力した金額（400か500か600か700）に該当するお酒の種類を表示するプログラム（例題4-7-3）は，図4.41となる。

```
<!DOCTYPE html>
<html lang="ja">
    <head>
        <meta charset="UTF-8">
        <title>例題4-7-3</title>
    </head>
    <body>
        <h1>例題4-7-3　河村一樹</h1>
        <hr>
        <script>
          let i,kingaku;
          let hairetu={400:"麦酒",500:"焼酎",600:"冷酒",700:"ワイン"
};
          kingaku=prompt("支払い金額を入力してください ");
          for (i in hairetu) {
            if (kingaku==i) {
                document.write(i+"円のお酒は，"+hairetu[i]+"です。");
                break;
            }
          }
        </script>
    </body>
</html>
```

図4.41　例題4-7-3のソースコード

このプログラムの実行結果（金額に400を入力）は，図4.42のようになる。

例題4-7-3　河村一樹

400円のお酒は，麦酒です。

図4.42　例題4-7-3の実行結果

実習課題

問4-7-1

　配列Tabに次のデータを初期値として与えてから，全要素の値を加算した結果を表示せよ。

　データ：44，32，74，61，21

問4-7-2

　配列Tabに次のデータを初期値として与えてから，添え字の奇数番目の値を表示するとともに，積を求めて表示せよ。

　データ：7，5，1，6，8，9，4，3，7，2

　5　6　9　3　2　表示された数字の積は1620です。

問4-7-3

　配列Tabに次のデータを初期値として与えてから，全要素を1文字ずつ改行しながら表示せよ。

　データ：l，a，n，g，u，a，g，e

l
a
n
g
u
a

```
g
e
```

問4-7-4

問4-7-3の配列について，文字を逆にならべて表示せよ。

```
e, g, a, u, g, n, a, l
```

問4-7-5

配列Tab1に次のデータを初期値として与えてから，各要素の2倍の値を配列Tab2に代入する。その上で，配列Tab2の全要素を表示せよ。

データ：5, 3, 4, 8, 7

```
10  6  8  16  14
```

問4-7-6

配列Tab1と配列Tab2にそれぞれ次のデータを初期値として与えてから，各要素（0番目から4番目まで）の積を配列Tab3に格納する。その上で，配列Tab3の全要素の合計を表示せよ。

Tab1のデータ：3, 5, 6, 3, 9

Tab2のデータ：2, 3, 2, 4, 6

問4-7-7

配列Tabに次のデータを初期値として与えてから，最小値を求めて表示せよ。

データ：3, 67, 33, 65, 1, 33, 25, 99, 45, 71

問4-7-8

問4-7-7の配列Tabについて，50を超えるデータがいくつあるかを求めて表示せよ。

問4-7-9

配列Tabに次のデータを初期値として与えてから，最小値，最大値，平均値，合計値をそれぞれ表示せよ。

データ：14, 15, 16, 16, 17, 12, 15, 16, 17, 18, 13, 14, 17, 16, 16, 14, 15, 14, 16, 17, 18, 18, 14, 19, 13, 14, 18, 13, 15, 16, 16, 17, 13, 14, 17, 16, 18, 14, 12, 18, 16, 16, 14, 17, 16, 14, 11, 15, 14, 17

問4-7-10

連想配列SeqTabに次のデータを初期値として与えてから，全要素を表示せよ。

キー：white，値：白色

キー：red，値：赤色

キー：green，値：緑色

キー：blue，値：青色

```
白色赤色緑色青色
```

4.8 関数の扱い

問4-7-11

連想配列SeqTabに次のデータを初期値として与えてから，都道府県コード2桁を入力して，対応した都道府県名を表示せよ。

キー：01から47までの値，値：北海道から沖縄県まで（これについては，インターネットで「都道府県コード」で検索せよ）

4.8　関数の扱い

関数とは，あるまとまった処理単位をまとめたものである。これを，メインとなるプログラムの中で呼び出すことによって，情報の隠蔽化ができる。つまり，メインのプログラムでは，関数で行っている処理をブラックボックスとして扱うことができるという意味である。

プログラムにおける関数は，数学的には$y=f(x)$と同じである。つまり，変数xとyにおいて，入力したxに対して出力であるyの値を決定する規則fのことを関数と呼ぶ。この場合，変数yはxの関数であるという。なお，プログラムの世界では，xのことを引数，yのことを戻り値と呼ぶ。

関数には，ユーザ定義関数とビルトイン関数がある。

4.8.1　ユーザ定義関数

ユーザが定義する関数であり，関数の宣言，呼び出し，引数と戻り値がある。

(1)関数の宣言

引数のない関数宣言の構文は，次のようになる。

```
function <関数>() {
    <文>;
}
```

引数がある関数宣言の構文は，次のようになる。

```
function <関数>(<引数>) {
    <文>;
}
```

なお，引数が複数ある場合は，カンマで並べる。

(2)関数の呼び出し

関数を宣言した後，その名前と括弧「()」を使用して関数を「呼び出す」ことができる。その構文（<引数>なしの場合）は，次のようになる。

87

```
<関数>();
```

(3)引数と戻り値

関数は引数を受け取ることができ，これらは関数の中で特定の値として使用する。また，関数はreturnを使用して値を返すことができ，その返り値は関数の呼び出し元に戻される。その構文は，次のようになる。

```
function <関数>(<引数>) {
   <文>;
   return <戻り値>;
}
```

```
<変数>=<関数>(<引数>);  // 関数の呼び出し
```

メインとなるプログラムにおいて，<関数>を呼び出すときに<引数>を渡す。<関数>では，もらった<引数>を用いて<文>において計算した結果を<戻り値>に設定する。呼び出し元に戻ると，その<戻り値>が<変数>に代入される（図4.43）。

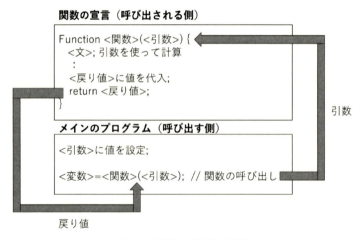

図4.43　引数と戻り値の関係

プログラム（例題4-8-1）は，図4.44となる。

4.8 関数の扱い

```html
<!DOCTYPE html>
<html lang="ja">
    <head>
        <meta charset="UTF-8">
        <title>例題4-8-1</title>
    </head>
    <body>
        <h1>例題4-8-1　河村一樹</h1>
        <hr>
        <script>
        function getGokei(m) {
          let i,gokei=0;
          for (i=0;i<=m;i++) {
            gokei+=i;
          }
          return gokei;
        }
        function outMsg(kai) {
          document.write("合計は，"+kai+"です。")
        }

        let n,kotae; // メインのプログラム
        n=prompt("加算する回数を入力してください",0);
        kotae=getGokei(n);
        outMsg(kotae);
        </script>
    </body>
</html>
```

図4.44　例題4-8-1のソースコード

このプログラムの実行結果（100を入力したとき）は，図4.45のようになる。

89

図 4.45　例題 4-8-1 の実行結果

4.8.2　組み込み関数

　組み込み関数とは，JavaScript 言語の一部として提供されている関数であり，追加のライブラリやフレームワークを使わずにいろいろな操作を行うために利用できる。これらの関数は，JavaScript の実行環境によってあらかじめ用意されているので，直接呼び出して使用することができる。これには，例えば，表 4.5 のようなものがある。

表 4.5　組み込み関数（一部分）

構文	処理
perseInt()	文字列を整数に変換
perseFloat()	文字列を浮動小数点に変換
isNaN()	値が Mot aNumber であるかどうかを判定
isFinite()	値が有限の数値であるかどうかを判定
eval()	文字列として与えられた JavaScript コードを実行
ビルトインオブジェクトとして，	
Math.random メソッド	乱数の生成
Math.floor メソッド	引数として渡した数以下で最大の整数を返す
Math.ceil メソッド	引数として渡した数以上で最小の整数を返す
Math.trunc メソッド	渡された数字の小数点以下を切り捨てた整数を返す

4.8.3　変数のスコープ

　変数のスコープ（有効範囲）とは，変数の宣言によって，その変数がどこからアクセスできるかが決まる。これには，グローバル変数とローカル変数がある。

(1) グローバル変数

グローバル変数はプログラムの全体で，どこからでもアクセスできる変数である。これには，いくつかの宣言方法がある。

・直接グローバルスコープとして宣言する場合の構文（関数内外のどこでも宣言可能）は，次のようになる。

```
var <変数>[=<値>];
```

・どの関数にも属さない場所，あるいは，関数内で宣言する場合の構文（var, let, constを使わず）は，次のようになる。

```
<変数>[=<値>];
```

ただし，バグの原因になりやすいので，varを使って宣言することが推奨されている。

(2) ローカル変数

ローカル変数は宣言された関数やブロック（if文やfor文などで{}で囲んだ単位）内だけでアクセスできる変数である。

構文（関数の場合）は，次のようになる。

```
function <関数>() {
    var <変数>[=<値>]; // 関数スコープのローカル変数
    let <変数>[=<値>]; // ブロックスコープのローカル変数
    const <変数>=<値>; //ブロックスコープのローカル変数
    <文>;
}
```

グローバル変数とローカル変数を用いたプログラム（例題4-8-2）は，図4.46となる。

第4章　JavaScriptの基本編

```html
<!DOCTYPE html>
<html lang="ja">
    <head>
        <meta charset="UTF-8">
        <title>例題4-8-2</title>
    </head>
    <body>
        <h1>例題4-8-2　河村一樹</h1>
        <hr>
        <script>
        var scope="グローバル";
        function getValue() {
            var scope="ローカル";
            document.write("変数は,"+scope+"<br>");
        }
        function Block() {
            if(true) {
                let i=5;
                document.write("iは, "+i);
            }
        }
        document.write("変数は,"+scope+"<br>");
        getValue();
        Block();
        document.write("iは, "+i);
        </script>
    </body>
</html>
```

図4.46　例題4-8-2のソースコード

このプログラムの実行結果は，図4.47のようになる。

例題4-8-2　河村一樹

変数は,グローバル
変数は,ローカル
iは, 5

図4.47　例題4-8-2の実行結果

ここで，変数scopeは，プログラムの最初の行（11行目）で宣言しているのでグローバル変数となる。プログラムの実行（20行目）が始まると，グローバル変数scopeには「グローバル」が代入されているので「変数は，グローバル」と表示される。

次に，関数getValueにおいて，変数scopeをvarで宣言しているので関数スコープのローカル変数となる。13行目でローカル変数scopeには「ローカル」が代入されているので「変数は，ローカル」と表示される。そして，関数Blockにおいて，if文の中で変数iをletで宣言しているのでブロックスコープのローカル変数となる。変数iに5が代入されているので「iは，5」と表示される。最後の25行目で変数iを表示しようとするが，iはローカル変数なので未定義となり「i is not defined」というエラーが表示される。

以上をまとめると，表4.6のようなものがある。

表4.6　変数の扱い

構文	再定義	再代入	スコープ
var	可	可	グローバルあるいはローカル
let	不可	可	ブロックのみ
const	不可	不可	ブロックのみ

実習課題
問4-8-1

「メインプログラム」を表示してから改行し，関数f()（引数なし）を呼び出し「関数f()」と表示せよ。

第4章　JavaScriptの基本編

```
メインプログラム
関数f()
```

問4-8-2

問5-8-1で，関数fにおいて「関数f()」を改行しながら10回表示せよ。

```
メインプログラム
関数f()
関数f()
関数f()
関数f()
関数f()
関数f()
関数f()
関数f()
関数f()
関数f()
```

問4-8-3

「メインプログラム」を表示してから改行し，関数f1()を呼び出し「関数f1()」を，さらに関数f1から関数f2を呼出し「関数f2()」を，それぞれ表示せよ。

```
メインプログラム
関数f1()
関数f2()
```

問4-8-4

変数xに15を代入し，関数f(x)を呼び出す。関数f(xx)では，xxの2乗を求めて戻り値として戻す。その値をメインプログラムで表示せよ。

問4-8-5

変数xに5を，変数yに6を代入し，関数f(x,y)を呼び出す。関数f(xx,yy)では，xxとyyの積を求めて戻り値として戻す。その値をメインプログラムで表示せよ。

問4-8-6

1文字（アルファベットの小文字）を入力し，それを関数f(x)へ渡す。関数f(x)では，その文字が母音（"a", "e", "i", "o", "u"）のときは1を，それ以外は0を戻り値で戻す。その戻り値が1ならば「母音です。」を，それ以外ならば「子音です。」をメインプログラムで表示せよ。

第5章
JavaScriptの応用編

本章では，JavaScriptでプログラミングする際に
必要となるアルゴリズムについて取り上げる。アル
ゴリズムとはどういうものなのかを明らかにした上
で，アルゴリズムの記述方法，どういったアルゴリ
ズムがよいかについて述べる。

5.1 アルゴリズムとは

アルゴリズムという用語を，日本規格協会では次のように定義している[5]。

> 問題を解くためのものであって，明確に定義され，順序付けられた有限個の規則からなる集合

この中の「順序付けられた」とは，時系列的に入力データを処理するための手順のことを示している。また，「有限個の規則」とは，アルゴリズムを構成する要素単位（手続きにしろ，関数にしろ，論理にしろ）が有限個の並びによって構成されるとともに，それぞれが構文あるいは意味をもったルールにしたがっていることを意味している。

以上のアルゴリズムとほぼ同義の意味をもたせたものに，「手順的な自動処理」という言葉がある。これは，情報処理学会情報処理教育委員会による『日本の情報教育・情報処理教育に関する提言2005』の中で使われた言葉である。ここでは，「手順的な自動処理」を次のように定義している[6]。

> 「手順的な自動処理」の構築とは，次の一連の活動を言う。
> (1)問題を同定および記述した上で，その定式化をおこない，解決方法を考える。
> (2)解決方法を，アルゴリズムとして組み上げ，自動処理可能な一定形式で記述した，コンピュータ上で実行可能なものとして実現する。
> (3)実現したものが問題解決として適切であるかを検証し，必要なら問題の定式化まで戻ってやり直す。

これより，「手順的な自動処理」は，専門用語であるアルゴリズムを言い換えたものといえる。ここで重要なことは，組み上げたアルゴリズムは，コンピュータを使って動作を確認することを前提にしているという点である。ただし，その実装手段については，プログラム言語だけでなく，表計算のワークシート上での式や関数あるいはマクロによる処理，あるいは，スクリプト言語なども想定している。こうして実際にコンピュータで動作確認することによって，自分の考えた論理手順に対して検証を行うことができ，この経験がアルゴリズムを考える上で有効なフィードバックになるからである。

また，この「手順的な自動処理」の構築は，高等教育機関だけでなく，初等中等教育機関における情報教育の実践手段としても有効であることを提言している。具体的には，文部科学省が提唱している「プログラミング的思考」に結び付き，次のように定義している[7]。

> 自分が意図する一連の活動を実現するために，どのような動きの組合せが必要であり，一つ一つの動きに対応した記号を，どのように組み合わせたらいいのか，記号の組合せをどのように改善していけば，より意図した活動に近づくのか，といったことを論理的に考えていく力

その上で，初等中等教育機関におけるプログラミング教育において，「プログラミング的思考」を育むことを推奨している。これによって，日本国民すべてが何らかの形でプログラミングを学ぶことになり，ディジタルデバイドのない高度情報社会の実現を目指そうという目論見がある。

5.2 アルゴリズムの記述

コンピュータの黎明期において，プログラマは直接低水準言語を用いてプログラミングしていた。つまり，先に言語ありということで，言語に合わせて処理手順を考えていたといえる。その後，高水準言語が登場してくると，徐々に言語の前にアルゴリズム（＋データ構造）ありという考え方が普及するようになった。プログラムの規模が大きくなるほど，直接プログラミングすると論理が混乱したプログラム（スパゲティプログラム）ができてしまい，潜在的バグも多く含まれることが問題となった。

これに対して，先にアルゴリズムを設計してから，そのアルゴリズムを言語に変換するというプログラミングの方が障がいも少なくなり，結果として有効であることが明らかになった。この結果，段階的に工程を区切ってプログラムを開発するというソフトウェア開発工程が採用されるようになった。

アルゴリズムを設計する際に，アルゴリズムの不可視性を是正する必要が生じてきた。つまり，論理的な思考手順であるロジックを，何らかの形で書き表すことによってアルゴリズムを目で見えるものにし，目で追いながらアルゴリズムを徐々に作り上げていくというプロセスを実現しようとする試みである。そのために，いくつかの道具（流れ図，決定表，疑似言語，…）が開発された。

本講座では，この中の疑似言語に着目し，独自の言語仕様を使うことにした。疑似言語とは，プログラムのアルゴリズムを形式化された記述方式で表すための言語であり，実際のプログラミング言語ではないものを指す。具体的には，次のような日本語ベースの仕様とする。

(1)選択文（真だけ）

```
もし(<条件>)ならば
    <文>
```

これを，JavaScriptに置き換えると，

```
if (<条件>) {
    <文>;
}
```

となる。<条件>において論理演算子を使う場合，かつは&&，または||に置き換える。

(2)選択文（真と偽）

```
もし(<条件>)ならば
    <文1>
そうでなければ
    <文2>
```

これを，JavaScriptに置き換えると，

```
if (<条件>) {
    <文1>;}
else {
    <文2>;
}
```

となる。

(3)繰返し文（定数回）

```
(<制御変数>=<初期値>，<初期値>±<増減値>，…，<終了値>)の間繰返す
    <文>
ここまで
```

これを，JavaScriptに置き換えると，

```
for (<制御変数>=<初期値>;<制御変数><=<終了値>; <制御変数>±=<増減値> ) {
【あるいは】
for (<制御変数>=<初期値>;<制御変数>>=<終了値>; <制御変数>±± ) {
    <文>;
}
```

となる。第2パラメータの不等号は，<=か>=のどちらかという意味である。第3パラメータは，<増減値>が1のときに<制御変数>±±とする。

(4)繰返し文（前判定）

```
(<繰返し条件>)が真の間繰返す
    <文>
ここまで
```

これを，JavaScriptに置き換えると，

```
while (<繰返し条件>) {
    <文>;
}
```

となる。

(5)繰返し文（後判定）

```
ここから
    <文>
(<繰返し条件>)が真になるまで繰返す
```

これを，JavaScript に置き換えると，

```
do {
    <文>}
while (!<繰返し条件>)
```

となる。

ここで，「!<繰返し条件>」とは，条件の否定を表す。これは，言語仕様の方では，「(<繰返し条件>)が真になるまで繰返す（偽の間繰返す）」のに対して，do while 文は「(<繰返し条件>)が真の間繰返す」ため，<繰返し条件>の否定にする必要があるからである。

5.3　アルゴリズムの評価

一つの問題に対して，それを解決するためのアルゴリズムは数多く存在する。その数多くあるアルゴリズムについて，「良し悪し」という尺度基準がある。その良いアルゴリズムとして評価する基準としては，稼働効率と理解容易性があげられる。

5.3.1　稼働効率

あるアルゴリズムのもとに作成したプログラムをコンピュータにより実行したとき，計算時間と記憶領域の使用量という尺度があげられる。前者については計算時間が短いほど良いアルゴリズムであり，後者については使用量が少ないほど良いアルゴリズムとなる。

(1)計算時間

計算時間については，中央処理装置の性能（CPU チップのクロック周波数など）だけでなく，使用するコンパイラの性能にも左右されたり，さらには，入出力ファイルのアクセス回数などにも影響を受けたりする場合がある。ただし，これらの要因を除いたとしても，本質的にアルゴリズム毎にその計算時間は決まるといってよい。つまり，プログラムの計算時間は，アルゴリズム固有の違いに起因するわけである。

この計算時間を求める方法として，計算量というものがある。これは，入力するデータの個数（入力サイズと呼ぶ）を n とし，その関数を f(n) を用いて表す。たとえば，

$f1(n)=\log_2 n$

$f2(n)=2^n$

とした場合，n=4まではf1(n)> f2(n)になるが，nが大きくなればなるほど，圧倒的に f1(n)≪ f2(n)になる。このことを，「f1(n)は，漸近的にf2(n)以下である」と呼び，

　　$f1(n)=O(f2(n))$

と表す。この関係を，O記法と呼ぶ。一般的には，

　　$O(1)<O(\log_2 n)<O(n)<O(n\log_2 n)<O(n^c)<O(C^n)<O(n!)$

が成立する。ここで，Cは定数を表す。

　たとえば，数列や配列の値を小さい順（昇順）あるいは大きい順（降順）に並べ変えるという整列アルゴリズムについては，次のようにいくつかのアルゴリズムがある。

　　選択ソート：$O(n^2)$

　　バブルソート：$O(n^2)$

　　挿入ソート：$O(n^2)$

　　マージソート：$O(n\log_2 n)$

　　クイックソート：$O(n\log_2 n)$

　これより，マージソートやクイックソートの方が，効率がよいことがわかる。

(2) 領域使用量

　領域使用量は，プログラムが実行しているときに占有するメモリ領域の容量のことである。たとえば，上記の整列アルゴリズムの場合，

　　選択ソート：$O(1)$

　　バブルソート：$O(1)$

　　マージソート：$O(n)$

　　クイックソート：$O(\log_2 n)$

と表すことができる。

5.3.2　理解容易性

　もう一つ，プログラムの品質を決定付ける大きな要因がある。それが，この理解容易性であり，アルゴリズムのわかりやすさの基準になる。

　プログラムは，本来作って終わりということはなく，その後，何らかの修正（保守）が続くことになる。この要因には，潜在的バグの除去，版の改良，要求仕様の変更など，さまざまなケースがあげられる。プログラムを修正する際に，アルゴリズムがわかりやすいことは非常に重要なポイントとなり得る。わかりやすいことで，プログラムの修正が簡単にできるだけでなく，人為的なミスも入り込みにくくなる。

　手続き型のプログラムでは構造化プログラミングという規範が提唱されたが，これはアルゴリズムを見やすくわかりやすくすることを目指したプログラミングパラダイムといえる。goto文を多用することなく，ソースコードの順序とプログラムの実行順を一致させたアルゴリズムは，作成者本人ではない第三者が見てもロジックが追跡しやすくなり，結果として理解しやすくなる。また，ソースコードの字下げも有効である。特に，選択文や繰返し文ではネスト構造になることが多く，その場合に字下げをするとわかりやすくなる。例えば，次のようにするとよい。

(1)選択文における字下げ（破線の箇所）の例

```
if (i==1) {
    <文1>;}
else {
    if (i==2) { // 1つ目の字下げ
        <文2>;}
    else {
        if (i==3) { // 2つ目の字下げ
            <文3>;}
        else {
            <文4>
        } // i==3のif文の終わり
    } // i==2のif文の終わり
} // i==1のif文の終わり
```


(2)繰返し文における字下げの例

```
for (i=1;i<=9;i++) {
    for (j=1;j<=9;j++) { // 字下げ
        <文>;
    } // jの繰返しの終わり
} // iの繰返しの終わり
```

　上記のようにソースコードにコメント文（// コメント）を挿入することも理解容易性に結び付くといってよい。特に，アルゴリズムを考えた際にキーポイントとなる箇所に，その意味をコメントとして付加しておくと，作成者以外が見てもわかりやすくなる。

5.4　整列のアルゴリズム

　整列とは，複数個の値（数値，文字）の並びをある順番に並べ替えることであり，ソート(sort)とも呼ばれる。並べる順には，小さい順（昇順）か大きい順（降順）のどちらかとなる。

　整列で扱うデータ構造は，同じデータ型をもつ配列を用いることが多い。配列に格納されている要素の値を比較しながら入れ換えるというアルゴリズムになる。また，入れ換えのときに，メモリ上の制約があることから，値を一時的に退避する変数を用意して入れ換える値を代入しておくといった処理が必要になる。

　整列には，すでにいろいろなアルゴリズムが考案されている。具体的には，選択ソート，バブルソート，挿入ソート，マージソート，シェルソート，ヒープソート，クイックソートなどがあげられる。なお，いずれのソートも昇順ソートとする。

第5章　JavaScriptの応用編

5.4.1　選択ソート

選択ソートは，配列の中から最小の値を選んで並べ替えていくアルゴリズムである。具体的なアルゴリズムについては，配列の最左端の要素を基準に，右に並ぶ要素と比較しながら最小値を見つけ出し，最左端にもってくる。これによって，配列の最小値が最左端に確定する。以上の手順を，配列の最右端の一つ前までの要素に対して繰返す。

選択ソートのアルゴリズムを，5.2で取り上げた言語仕様を用いて記述すると，次のようになる。ただし，配列はTab[i]（添え字のiは，自然数で$1 \leqq i \leqq n$）とし，最左端の要素はTab[0]ではなくTab[1]とする。

```
配列Tabを宣言する
(i=1,2,…,(n-1))の間繰返す
    (j=(i+1),(i+2),…,n)の間繰返す
        もし(Tab[i]>Tab[j])ならば
            Tab[i]とTab[j]を交換する
    ここまで
ここまで
```

この中の「Tab[i]とTab[j]を交換する」については，一時的な記憶用変数（例えば，work）を用意して値を入れ換える必要がある。具体的には，

```
work=Tab[i]
Tab[i]=Tab[j]
Tab[j]=work
```

とする。

5.4.2　バブルソート

バブルソートは，配列の隣同士の要素を比較しながら，並べ換えていくアルゴリズムである。このため，隣接交換法とも呼ばれる。具体的なアルゴリズムについては，配列の最左端の要素とその右隣りの要素を比較しながら，配列の最右端まで繰返す。これによって，配列の最右端に最大値が確定する。以上の手順を，配列の最左端の次の要素まで繰返す。

```
配列Tabを宣言する
j=n
ここから
    sw=0
    i=1,2,…,(j-1)　の間繰返す
        もし(Tab[i]>tab[i+1])ならば
            Tab[i]とTab[i+1]を交換する
            sw=1
```

102

```
        ここまで
        j=j-1
  (sw=0 または j<2) が真になるまで繰返す
```

5.4.3 挿入ソート

挿入ソートは，配列の要素を最左端から一つずつ取り出し，該当する箇所に順番に挿入してい
くというアルゴリズムである。具体的なアルゴリズムについては，配列の最左端の要素とその隣
の要素を比較し，それらの大小により位置を仮に確定する。次に，そのもう一つ右の要素を取り
出し，比較することによって，三つの要素の順番を仮に確定する。このとき，必要ならば間に挿
入することもある。以上の処理を，最右端になるまで繰返す。

```
配列Tabを宣言する
(i=2,3,…,n)の間繰返す
    w=Tab[i]
    p=1
    j=i-1
    (j>=1 かつ p=1)が真の間繰返す
        もし(Tab[j]>w)ならば
            Tab[j+1]=Tab[j]
            j=j-1
        そうでなければ
            p=j+1
    ここまで
    Tab[p]=w
ここまで
```

5.4.4 マージソート

マージソートは，二つの部分配列を用いて，それぞれを整列してから一つにマージ（併合）す
ることを繰返すアルゴリズムである。具体的なアルゴリズムについては，配列を二つずつ区切り
ながら，それぞれを部分配列に格納する。そこで，大小関係を決定した上で整列しながら二つず
つマージする。これによって，二つずつの要素の整列が仮に確定する。以上の処理を，二つの部
分配列が整列前の配列の半分になるまで繰返す。

```
配列Tabを宣言する
X_TabとY_Tabを，空配列として宣言（X_Tab=[]; Y_Tab=[];と記述）
max=最大値（配列Tabの最大値となる要素よりも大きな値）
j=1
(j<n)が真の間繰返す
```

第5章　JavaScriptの応用編

```
        k=0
        (k<=(n-2*j))が真の間繰返す
            (m=1,2,…,j)の間繰返す
                X_Tab[m]=Tab[k+m]
                Y_Tab[m]=Tab[k+m+j]
            ここまで
            X_Tab[j+1]=max
            Y_Tab[j+1]=max
            p=1
            q=1
            (m=1,2,…,2*j)の間繰返す
                もし(X_Tab[p]<Y_Tab[q])ならば
                    Tab[k+m]=X_Tab[p]
                    p=p+1
                そうでなければ
                    Tab[k+m]=Y_Tab[q]
                    q=q+1
            ここまで
            k=k+2*j
        ここまで
        j=2*j
    ここまで
```

5.4.5　シェルソート

シェルソートは，ある間隔毎の要素同士の比較を行いながら，その間隔を狭めていくというアルゴリズムである。具体的なアルゴリズムについては，まず配列全体の1/2の間隔における要素同士を比較する。その次に，1/4の間隔における比較を行う。以上の処理を，隣同士になるまで繰返す。ただし，比較において，交換が生じた場合には，その間隔分，左に戻るという処理を追加する。

```
配列Tabを宣言する
k=n
(k>1)が真の間繰返す
    k=k/2　※　小数点以下切り捨て（k=Math.floor(k/2)と記述）
    i=1
    (i+k<=n)が真の間繰返す
        j=i
        sw=0
        (j>0　かつ　sw≠1)が真の間繰返す
            もし(Tab[j]>Tab[j+k])ならば
```

104

```
                Tab[j]とTab[j+k]を交換する
                j=j-k
            そうでなければ
                sw=1
        ここまで
        i=i+1
    ここまで
ここまで
```

5.4.6　ヒープソート

　ヒープソートは，配列を２分木に変換してから，根に該当する箇所の要素を，各節の要素と比較しながら並び換えるというアルゴリズムである。具体的なアルゴリズムについては，まず配列をもとに２分木を作成する。その条件とは，根には最大値が入るとともに，各節の親と子の関係が「親の要素≧子の要素」となるものである。これに基づき，配列の最左端に根の要素を，続いて左から次の下位レベルの節を，順に格納していく。

　次に，この２分木に対して，根の要素と各節の要素を比較しながら，未解決の節を交換する。こうして，未解決の各節に対して，階層的に下位から上位へ降順となるように交換を進める。

```
配列Tabを宣言する
(i=2,3,…,(n-1))の間繰返す
    j=i
    sw=0
    ここから
        d=j/2　※　小数点以下切り捨て（Math.floor(j/2)と記述）
        もし(Tab[d]<Tab[j])ならば
            Tab[d]とTab[j]を交換する
            j=d
        そうでなければ
            sw=1
    (j<=1 または sw=1)が真になるまで繰返す
ここまで
i=n
(k=(i-1),(i-2),…,1)の間繰返す
    Tab[1]とTab[i]を交換する
    i=i-1
    j=1
    s=2
    sw=0
    (s<=i かつ sw≠1)が真の間繰返す
        もし(s=i)ならば
```

第5章　JavaScriptの応用編

```
            繰返しを脱出　※　break;と記述
        そうでなければ
            もし(Tab[s]<Tab[s+1])ならば
                s=s+1
        もし(Tab[j]<Tab[s])ならば
            Tab[j]とTab[s]を交換する
            j=s
            s=j*2
        そうでなければ
            sw=1
    ここまで
ここまで
```

5.4.7　クイックソート

　クイックソートは，クイックというほど，他のソートアルゴリズムよりも平均的なパフォーマンスがよいアルゴリズムである。具体的なアルゴリズムについては，スタックという配列を利用する。スタックは，後で入れたデータを先に出すというLIFO(Last In First Out)を実現するデータ構造である。ここでは，配列LP（ソートすべき部分配列の左端の添え字）と配列RP（ソートすべき部分配列の右端の添え字）をスタックとして用いる。

　このスタックが空になるまで（pが-1になるまで），現在の部分配列の左端（l）と右端（r）をスタックから取り出し，その範囲でパーティション処理を行う。パーティション処理では，k（ピポットとなる要素の添え字）を計算して，x（ピポットの値）を設定する。その後，iとjを用いて，ピポットより小さい要素を左に，大きい要素を右に移動させる。これをiとjが交差するまで繰返す。パーティションの後，さらにソートが必要な部分配列があれば，その範囲をスタックに追加する。

```
配列Tabを宣言する
LPとRPを，空配列として宣言する　※　スタックとして使う
p=0
LP[p]=1
RP[p]=n
ここから
    l=LP[p]
    r=RP[p]
    p--
    ここから
        k=(l+r)/2　※　小数点以下切り捨て（Math.floor((l+r)/2)を使用すること）
        x=Tab[k]
        i=l
        j=r
```

106

```
        ここから
            (Tab[i]<x)が真の間繰返す
                i++
            ここまで
            (Tab[j]>x)が真の間繰返す
                j--
            ここまで
            もし(i<=j)ならば
                Tab[i]とTab[j]を交換する
                i++
                j--
            (i>j)が真になるまで繰返す
        もし(l<j)ならば
            p=p+1
            LP[p]=l
            RP[p]=j
        もし(r>i)ならば
            p=p+1
            LP[p]=i
            RP[P]=r
        r=j;
        (l>=r)が真になるまで繰返す
    (p<=0)が真になるまで繰返す
```

実習課題
問5-4-1

選択ソートのアルゴリズムを用いて，次の配列Tabを昇順に整列せよ．そのときに，整列前・整列中・整列後における配列の中身を表示すること．

配列Tabの宣言は，

let Tab=[0,80,10,70,50,40,60,20,30];

とする．

構成は，図5.1のようになる．

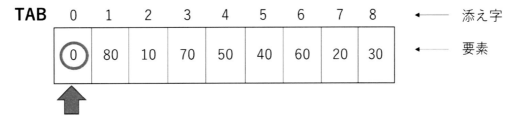

図5.1　配列Tabの構成

第 5 章　JavaScript の応用編

　これは，配列の左端を 0 番ではなく 1 番から開始するために，わざと 0 を入れて調整してある。これによって，配列の添字が 0 ではなく 1 から開始する形で，上述の言語仕様による各アルゴリズムの表記と合わせてある。

　したがって，各プログラムの最初に「n=8;」と設定する。

```
整列前：80 10 70 50 40 60 20 30
整列中：i=1→10 80 70 50 40 60 20 30
整列中：i=2→10 20 80 70 50 60 40 30
整列中：i=3→10 20 30 80 70 60 50 40
整列中：i=4→10 20 30 40 80 70 60 50
整列中：i=5→10 20 30 40 50 80 70 60
整列中：i=6→10 20 30 40 50 60 80 70
整列中：i=7→10 20 30 40 50 60 70 80
整列後：10 20 30 40 50 60 70 80
```

問 5-4-2

　バブルソートのアルゴリズムを用いて，配列 Tab を昇順に整列せよ。そのときに，整列前・整列中・整列後における配列の中身を表示すること。

```
整列前：80 10 70 50 40 60 20 30
整列中：j=8→10 70 50 40 60 20 30 80
整列中：j=7→10 50 40 60 20 30 70 80
整列中：j=6→10 40 50 20 30 60 70 80
整列中：j=5→10 40 20 30 50 60 70 80
整列中：j=4→10 20 30 40 50 60 70 80
整列中：j=3→10 20 30 40 50 60 70 80
整列中：j=2→10 20 30 40 50 60 70 80
整列後：10 20 30 40 50 60 70 80
```

問 5-4-3

　挿入ソートのアルゴリズムを用いて，配列 Tab を昇順に整列せよ。そのときに，整列前・整列中・整列後における配列の中身を表示すること。

```
整列前：80 10 70 50 40 60 20 30
整列中：i=2 W=10→10 80 70 50 40 60 20 30
整列中：i=3 W=70→10 70 80 50 40 60 20 30
整列中：i=4 W=50→10 50 70 80 40 60 20 30
整列中：i=5 W=40→10 40 50 70 80 60 20 30
整列中：i=6 W=60→10 40 50 60 70 80 20 30
整列中：i=7 W=20→10 20 40 50 60 70 80 30
整列中：i=8 W=30→10 20 30 40 50 60 70 80
```

108

整列後：10　20　30　40　50　60　70　80

問5-4-4

マージソートのアルゴリズムを用いて，配列Tabを昇順に整列せよ。そのときに，整列前・整列中・整列後における配列の中身を表示すること。

整列前：80　10　70　50　40　60　20　30

```
配列X→80  100
配列Y→10  100
配列X→70  100
配列Y→50  100
配列X→40  100
配列Y→60  100
配列X→20  100
配列Y→30  100
整列中：10  80  50  70  40  60  20  30
配列X→10  80  100
配列Y→50  70  100
配列X→40  60  100
配列Y→20  30  100
整列中：10  50  70  80  20  30  40  60
配列X→10  50  70  80  100
配列Y→20  30  40  60  100
整列中：10  20  30  40  50  60  70  80
整列後：10  20  30  40  50  60  70  80
```

問5-4-5

シェルソートのアルゴリズムを用いて，配列Tabを昇順に整列せよ。そのときに，整列前・整列中・整列後における配列の中身を表示すること。

```
整列前：80  10  70  50  40  60  20  30
k=4  整列中：80  10  70  50  40  60  20  30
k=2  整列中：40  10  20  30  80  60  70  50
k=1  整列中：20  10  40  30  70  50  80  60
整列後：10  20  30  40  50  60  70  80
```

問5-4-6

ヒープソートのアルゴリズムを用いて，配列Tabを昇順に整列せよ。そのときに，整列前・整列中・整列後における配列の中身を表示すること。

第5章　JavaScriptの応用編

```
整列前：80 10 70 50 40 60 20 30
k=7  整列中：80 50 70 10 40 60 20 30
k=6  整列中：70 50 60 10 40 30 20 80
k=5  整列中：60 50 20 10 40 30 70 80
k=4  整列中：50 40 20 10 30 60 70 80
k=3  整列中：40 30 20 10 50 60 70 80
k=2  整列中：30 10 20 40 50 60 70 80
k=1  整列中：20 10 30 40 50 60 70 80
整列後：10 20 30 40 50 60 70 80
```

問5-4-7

　クイックソートのアルゴリズムを用いて，配列Tabを昇順に整列せよ。そのときに，整列前・整列中・整列後における配列の中身を表示すること。

```
整列前：80 10 70 50 40 60 20 30
整列中：30 10 70 50 40 60 20 80
整列中：30 10 20 50 40 60 70 80
整列中：30 10 20 40 50 60 70 80
整列中：30 10 20 40 50 60 70 80
整列中：30 10 20 40 50 60 70 80
整列中：10 30 20 40 50 60 70 80
整列中：10 20 30 40 50 60 70 80
整列中：10 20 30 40 50 60 70 80
整列後：10 20 30 40 50 60 70 80
```

5.5　探索のアルゴリズム

　探索とは，複数個の値の並びの中から該当するデータを探し出すことであり，サーチ（search）とも呼ばれる。

　探索で扱うデータ構造としては，配列，グラフ，リストなどがあげられるが，よく使われるのは同じデータ型をもつ配列である。配列に格納されている要素の値を参照しながら一致するデータを探し出すというアルゴリズムになる。その際に，配列が値の順番に並んでいないと，全要素を探索することになる。一方，配列が値の順番に並んでいると，線形探索や2分探索といったアルゴリズムを適用することができる。

5.5.1　線形探索

　最も簡単なアルゴリズムとして，しらみつぶしによる方法がある。線形探索には，配列のすべての要素をくまなく探すという意味がある。

110

たとえば，ある配列に対して，画面のプロンプトから入力した値が一致しているか，否かを判定するプログラム（例題5-5-1）は，図5.2となる。

```html
<!DOCTYPE html>
<html lang="ja">
    <head>
        <meta charset="UTF-8">
        <title>例題5-5-1</title>
    </head>
    <body>
        <h1>例題5-5-1　河村一樹</h1>
        <hr>
        <script>
        let Tab=[7,4,1,3,9,8,2,5,0,6];
        let i,atai;
        atai=prompt("探索する値を入力してください。 ");
        i=0;
        while(i<=9 && Tab[i]!=atai) {
            i++;
        }
        if (i<=9) {
            document.write("探索成功");}
        else {
            document.write("探索不成功");
        }
        </script>
    </body>
</html>
```

図5.2　例題5-5-1のソースコード

このプログラムの実行結果（配列にある数値，例えば5を入力）は，図5.3のようになる。

図 5.3 例題 5-5-1 の実行結果①

また，配列にない数値（例えば11）を入力した場合は，図5.4のようになる。

図 5.4 例題 5-5-1 の実行結果②

以上のしらみつぶしのアルゴリズムに対して，番兵を用いて書き直すこともできる。これは，配列の[最右端＋1]番目に探索値を格納（番兵になる）しておき必ず一致させるというアルゴリズムである。そのプログラム（例題5-5-2）は，図5.5となる。

```
<!DOCTYPE html>
<html lang="ja">
    <head>
        <meta charset="UTF-8">
        <title>例題5-5-2</title>
    </head>
    <body>
        <h1>例題5-5-2　河村一樹</h1>
        <hr>
        <script>
        let Tab=[7,4,1,3,9,8,2,5,0,6];
        let i,atai;
        atai=prompt("探索する値を入力してください。 ");
        Tab[10]=atai;
        i=0;
        while(Tab[i]!=atai) {
            i++;
        }
        if (i<=9) {
            document.write("探索成功");}
        else {
            document.write("探索不成功");
        }
        </script>
    </body>
</html>
```

図5.5　例題5-5-2のソースコード

5.5.2　2分探索

　線形探索では配列の要素の並びについては自由であったが，これが順番に並んでいるとともに同じ値がない場合に限って2分探索を使うことができる。ここでは，配列を2分しながら，探索の幅を狭めながら探索を続けるというアルゴリズムである。そのプログラム（例題5-5-3）は，図5.6となる。

第 5 章　JavaScript の応用編

```html
<!DOCTYPE html>
<html lang="ja">
   <head>
      <meta charset="UTF-8">
      <title>例題5-5-3</title>
   </head>
   <body>
      <h1>例題5-5-3　河村一樹</h1>
      <hr>
      <script>
      let Tab=[0,1,2,3,4,5,6,7,8,9];
      let atai,mid;
      let min=0;
      let max=9;
      let sw=0;
      atai=prompt("探索する値を入力してください。 ");
      do {
         mid=Math.floor((min+max)/2);
         if (Tab[mid]==atai) {
            sw=1;
            min=mid+1;
            max=mid;}
         else {
            sw=0;
            if (Tab[mid]>atai) {
               max=mid-1;}
            else {
               min=mid+1;
            }
         }}
      while (min<=max)
      if (sw==1) {
         document.write("探索成功");}
      else {
         document.write("探索不成功");
      }
      </script>
   </body>
</html>
```

図5.6　例題5-5-3のソースコード

図5.6の12-15行目までの各変数の宣言について，ataiは探索する値（キーボードから入力），minは探索する範囲の左側の位置，maxは探索する範囲の右側の位置，midは探索範囲の真ん中の位置，swは探索成功（1）か否か（0）を識別するためのスイッチとなっている。

18行目では，midを計算しているが，Math.floorは値の切り捨てを行う関数オブジェクトである。

17-31行目までは，入力した探索値と配列の要素が一致しているかどうかを判定している。一致している場合は，swに1を代入し，while文の条件が偽（min>max）になるようにmaxとminに値を代入している。

32-36行目では，swの値によって，表示内容を変えている。

実習課題
問5-5-1
　例題5-5-1のプログラムについて，入力した探索値毎に，その動作状況（iの値と配列の要素Tab[i]の値）を表示せよ。
問5-5-2
　例題5-5-3のプログラムについて，その動作状況（配列の範囲であるminとmidの間，あるいは，midとmaxの間と探索値がわかるように）を表示せよ。
問5-5-3
　アルファベットの小文字（aからzまでの26個を左端から順に並べる）を，配列Tabに初期値として格納する。
　次に，キーボードから1文字を入力し，それがアルファベットの何番目（1番目から26番目まで）かを表示せよ。
　ただし，順次探索のアルゴリズムを用いること。
問5-5-4
　問5-5-3について，2分探索のアルゴリズムを用いて表示せよ。

5.6　再帰のアルゴリズム

　再帰とは，自分で自分を呼び出して実行することである。プログラムでは再帰呼出しと呼び，ある種の特有な問題（たとえば，ハノイの塔）を処理する上で有効なアルゴリズムとなる場合もある。

　ただし，再帰による入れ子の数が増えることによって，メモリの占有領域が増えることもあるので，非再帰的にプログラミングできるのであればその方がよい。

　再帰は，数学の世界での階乗計算に相当する。
　具体的には，
　$n! = n \times (n-1) \times (n-2) \times \cdots 2 \times 1$
と表したものであり，正確には，

第5章　JavaScriptの応用編

　　n!=n × (n-1)!　[定義1]

　　0!=1　[定義2]

と定義する。

　ここで，n!を求めるために，定義1の右辺で(n-1)!を用いているところが再帰構造となっている。

　具体的には，n=5とすると，

　5!=5 × 4!…　　[式1]

　4!=4 × 3!…　　[式2]

　3!=3 × 2!…　　[式3]

　2!=2 × 1!…　　[式4]

　1!=1 × 0!…　　[式5]

　0!=1（定義2より）より，これを式5に代入すると，

　1!=1 × 1=1

　1!=1より，これを式4に代入すると，2!=2 × 1=2

　2!=2より，これを式3に代入すると，3!=3 × 2=6

　3!=6より，これを式2に代入すると，4!=4 × 6=24

　4!=24より，これを式1に代入すると，5!=5 × 24=120

となる。

　以上より，5!=120と求めることができる。ここでは，上述した階乗とハノイの塔のプログラムについて取り上げる。

5.6.1　階乗計算

　階乗を求めるプログラムに，再帰呼出しを用いることができる。階乗計算のプログラム（例題5-6-1）は，図5.7のようになる。

```
<!DOCTYPE html>
<html lang="ja">
    <head>
        <meta charset="UTF-8">
        <title>例題5-6-1</title>
    </head>
    <body>
        <h1>例題5-6-1　河村一樹</h1>
        <hr>
        <script>
        function kaijyo(n) {
            if (n==0) {
                return (1);}
            else {
                return(n*kaijyo(n-1));
            }
        }
        let n,atai;
        n=prompt("階乗を求める数値を入力してください。 ");
        atai=kaijyo(n);
        document.write(n+"の階乗の値は, "+atai+"です。");
        </script>
    </body>
</html>
```

図5.7　例題5-6-1のソースコード

　ここで，「5」をキーボードから入力して「OK」をクリックすると，図5-7の20行目で関数kaijyoを引数「5」で呼び出す。関数kaijyoでは，15行目において再帰呼出しを行っている。つまり，関数kaijyoの中で，自分自身である関数kaijyoを，nを引数として呼び出しているわけである。これによって，次のような動作となる。

　n=5として関数kaijyo(5)を呼び出す
　関数kaijyo(5)の中で，5*kaijyo(4)により，n=4として関数kaijyo(4)を呼び出す
　　関数kaijyo(4)の中で，4*kaijyo(3)により，n=3として関数kaijyo(3)を呼び出す
　　　関数kaijyo(3)の中で，3*kaijyo(2)により，n=2として関数kaijyo(2)を呼び出す
　　　　関数kaijyo(2)の中で，2*kaijyo(1)により，n=1として関数kaijyo(1)を呼び出す
　　　　　関数kaijyo(1)の中で，1*kaijyo(0)により，n=0として関数kaijyo(0)を呼び出す

関数kaijyo(0)の中で，nが0なので，1を戻り値として戻す

関数kaijyo(1)の中で，1*1=1なので，1を戻り値として戻す

関数kaijyo(2)の中で，2*1=2なので，2を戻り値として戻す

関数kaijyo(3)の中で，3*2=6なので，6を戻り値として戻す

関数kaijyo(4)の中で，4*6=24なので，24を戻り値として戻す

関数kaijyo(5)の中で，5*24=120なので，120を戻り値として戻す

その結果，図5.8のような実行結果となる。

例題5-6-1　河村一樹

5の階乗の値は，120です。

図5.8　例題5-6-1の実行結果

5.6.2　ハノイの塔

ハノイの塔とは，あるルールのもとに円盤を並べ替えるというパズルの一つである。
そのルールとしては，

・台の上に3本の棒と真ん中に穴のあいた大きさの異なる円盤が用意されている。[ルール1]

・最初の状態は，最左端の棒にだけ最も大きな円盤の上に徐々に小さな円盤が積み重ねられている。このため，右2本の棒には，円盤がない。[ルール2]

・円盤を1回に1枚ずつどれかの棒に移動させることができる。ただし，小さな円盤の上に大きな円盤を積むことはできない。[ルール3]

があげられる。

これらをもとにしたハノイの塔は図5.9のような形状となる。

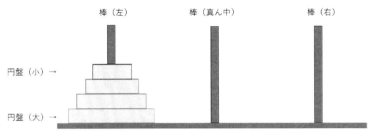

図5.9 ハノイの塔

　以上のルールにしたがって，最左端の棒に積み重なっている円盤をすべて最右端の棒に移動させる場合の手数はいくらになるかというパズルである．この問題に対して，再帰のアルゴリズムを使って解くことができる．

　そこで，棒は3本として，円盤は4枚としたハノイの塔のプログラム（例題5-6-2）は図5.10のようになる．

　図5.10の11-20行目までが，再帰関数hanoiの定義であり，この中で引数（円盤の枚数，棒の種類）を変えて自分自身である関数hanoiを二度呼び出している．

　最初の呼出しでは，円盤の枚数から1引いた値，最左端の棒，最右端の棒，真ん中の棒を，それぞれ引数として渡している．

　次の呼出しでは，円盤の枚数から1引いた値，最右端の棒，真ん中の棒，最左端の棒を，それぞれ引数として渡している．

　21行目では，変数xに4を代入しているが，これは円盤の枚数に相当する．また，変数a，b，cは，それぞれ左・真ん中・右の棒に相当する．

第5章　JavaScript の応用編

```html
<!DOCTYPE html>
<html lang="ja">
    <head>
        <meta charset="UTF-8">
        <title>例題5-6-2</title>
    </head>
    <body>
        <h1>例題5-6-2　河村一樹</h1>
        <hr>
        <script>
        function hanoi(x,a,b,c) {
        //  let xx,aa,bb,cc;
            if (x>0) {
                hanoi(x-1,a,c,b);
                kaisu+=1;
                document.write("第"+kaisu+"回目：円盤"+x+"を，"+a+"
から"+b+"へ移動する。<br>");
                hanoi(x-1,c,b,a)
            }
            return;
        }
        let x=4;
        let a="最左端の棒";
        let b="真ん中の棒";
        let c="最右端の棒";
        let kaisu=0;
        hanoi(x,a,c,b);
        document.write("<hr>");
        document.write("手数は，全部で"+kaisu+"回です。");
        </script>
    </body>
</html>
```

図5.10　例題5-6-2のソースコード

このアルゴリズムを追跡してみると，次のようになる。ここで，最左端の棒をa，真ん中の棒をb，最左端の棒をcと表す。hanoi(4,a,c,b) から実行が始まる。

(0)　hanoi(4,a,b,c) {
hanoi(3,a,b,c);→(1)へ，(18)から戻る

120

kaisu=8;

「第8回目：円盤4をaからcへ移動」を表示;

hanoi(3,b,c,a); } → (19) へ，(32) から戻る，(0) へ（ここで終了）

(1)　hanoi(3,a,b,c) {

hanoi(2,a,c,b);　→ (2) へ，(11) から戻る

kaisu=4;

「第4回目：円盤3をaからbへ移動」を表示;

hanoi(2,c,b,a); } → (12) へ，(17) から戻る，(18) へ

(2)　hanoi(2,a,c,b) {

hanoi(1,a,b,c); → (3) へ，(8) から戻る

kaisu=2;

「第2回目：円盤2をaからcへ移動」を表示;

hanoi(1,b,c,a); } → (9) へ，(10) から戻る，(11) へ

(3)　hanoi(1,a,b,c) {

hanoi(0,a,c,b); → (4) へ，(5) から戻る

kaisu=;1

「第1回目：円盤1をaからbへ移動」を表示;

hanoi(0,c,b,a); } → (6) へ，(7) から戻る，(8) へ

(4)　hanoi(0,a,c,b) { }; → (5) へ

(6)　hanoi(0,c,b,a) { }; → (7) へ

(9)　hanoi(1,b,c,a) {

hanoi(0,b,a,c);

kaisu=1;

「第3回目：円盤1をbからcへ移動」を表示;

hanoi(0,a,c,b); } → (10) へ

(12)　hanoi(2,c,b,a) {

hanoi(1,c,a,b); → (13) へ，(14) から戻る

kaisu=6;

「第6回目：円盤2をcからbへ移動」を表示;

hanoi(1,a,b,c); } → (15) へ，(16) から戻る，(17) へ

(13)　hanoi(1,c,a,b) {

hanoi(0,c,b,a);

kaisu=5;

「第5回目：円盤1をcからaに移動」を表示;

hanoi(o,a,c,b); } → (14) へ

(15)　hanoi(1.a.b.c) {

hanoi(0,a,c,b);

kaisu=7;

「第7回目：円盤1をaからbへ移動」を表示;

hanoi(0,c,b,a); }→(16)へ

(19)　hanoi(3,b,c,a) {

hanoi(2,b,a,c);→(20)へ，(25)から戻る

kaisu=12;

　「第12回目：円盤3をbからcに移動」を表示;

hanoi(2,a,c,b); }→(26)へ，(31)から戻る，(32)へ

(20)　hanoi(2,b,a,c) {

hanoi(1,b,c,a);→(21)へ，(22)から戻る

kaisu=10;

　「第10回目：円盤2をbからaに移動」を表示;

hanoi(1,c,a,b); }→(23)へ，(24)から戻る，(25)へ

(21)　hanoi(1,b,a,c) {

hanoi(0,b,a,c);

kaisu=9;

　「第9回目：円盤1をbからcへ移動」を表示;

hanoi(0,a,c,b); }→(22)へ

(23)　hanoi(1,c,a,b) {

hanoi(0,c,b,a);

kaisu=11;

　「第11回目：円盤1をcからaに移動」を表示;

hanoi(0,b,a,c); }→(24)へ

(26)　hanoi(2,a,c,b) {

hanoi(1,a,b,c);→(27)へ，(28)から戻る

kaisu=14;

　「第14回目：円盤2をaからcに移動」を表示;

hanoi(1,b,c,a); }→(29)へ，(30)から戻る，(31)へ

(27)　hanoi(1,a,b,c) {

hanoi(0,a,c,b);

kaisu=13;

　「第13回目：円盤1をaからbに移動」を表示;

hanoi(0,c,b,a); }→(28)へ

(29)　hanoi(1,b,c,a) {

hanoi(0,b,a,c);

kaisu=15;

　「第15回目：円盤1をbからcに移動」を表示;

hanoi(0,a,c,b); }→(30)へ

以上から，円盤の移動過程は，図5.11、5.12のようになる。

5.6 再帰のアルゴリズム

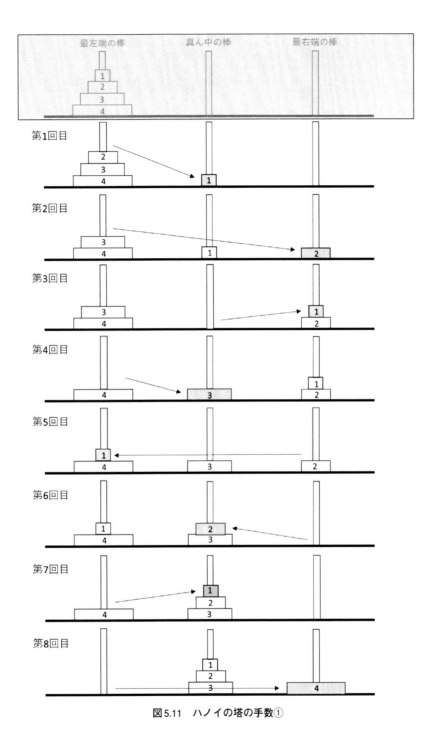

図5.11 ハノイの塔の手数①

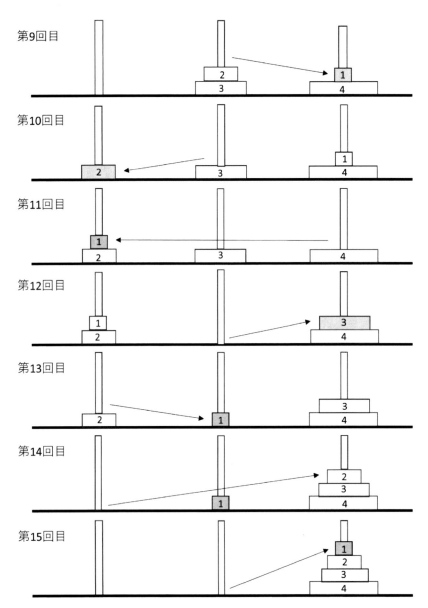

図5.12　ハノイの塔の手数②

　これより，円盤を移動する手数は15回になっていることがわかる。一般的に，ハノイの塔では，円盤の枚数(n)に対して，移動の手数は2^n-1回となる。
　この例では，n=4なので，
　　$2^4-1=15$
となり，15回と求めることができる。
　また，実行結果は，図5.13のようになる。

5.6　再帰のアルゴリズム

例題5-6-2　河村一樹

第1回目：円盤1を，最左端の棒から真ん中の棒へ移動する。
第2回目：円盤2を，最左端の棒から最右端の棒へ移動する。
第3回目：円盤1を，真ん中の棒から最右端の棒へ移動する。
第4回目：円盤3を，最左端の棒から真ん中の棒へ移動する。
第5回目：円盤1を，最右端の棒から最左端の棒へ移動する。
第6回目：円盤2を，最右端の棒から真ん中の棒へ移動する。
第7回目：円盤1を，最左端の棒から真ん中の棒へ移動する。
第8回目：円盤4を，最左端の棒から最右端の棒へ移動する。
第9回目：円盤1を，真ん中の棒から最右端の棒へ移動する。
第10回目：円盤2を，真ん中の棒から最左端の棒へ移動する。
第11回目：円盤1を，最右端の棒から最左端の棒へ移動する。
第12回目：円盤3を，真ん中の棒から最右端の棒へ移動する。
第13回目：円盤1を，最左端の棒から真ん中の棒へ移動する。
第14回目：円盤2を，最左端の棒から最右端の棒へ移動する。
第15回目：円盤1を，真ん中の棒から最右端の棒へ移動する。

手数は，全部で15回です。

図5.13　例題5-6-2の実行結果

実習課題
問5-6-1

　例題5-6-2について，ハノイの塔で記載したアルゴリズムの追跡と同様に，n=5を与えたときの再帰関数の値がどのように推移していくかを表示せよ。

問5-6-2

　クイックソートを，再帰アルゴリズムを用いてプログラミングすることもできる。次のアルゴリズムに関する擬似言語を参照して，クイックソートのプログラムを作成せよ。

```
quick(data,left,right) { // 関数の宣言
pivot=(left+right)/2（ただし，小数点以下切り捨て）
i=left
j=right
(true)の間繰返す
        (pivot>data[i])の間繰返す
            i++
        ここまで
        (pivot<data[j])の間繰返す
            j--
        ここまで
        もし(j<=i)ならば
            break
        n=data[i]
        data[i]=data[j]
```

125

```
        data[j]=n
        i++
        j--
    ここまで
    もし(left<i-1)ならば
        quick(data,left,i-1)
    もし(j+1<right)ならば
        quick(data,j+1,right)
}
//  メインの処理
配列dataを，初期値(7,4,1,3,9,8,2,5,0,6)として宣言する
quick(data,0,9)
```

問5-6-3

　問5-6-2において，整列途中の配列の中身を表示せよ。

第6章

JavaScriptの実用編

これまでは，JavaScriptの基本的な構文やアルゴリズムについて述べてきたが，ここからはより実用的なプログラミングとして，HTML/CSS/JavaScriptを含めたWebサイトによる簡単なゲームプログラミングについて取り上げる。

6.1 Webサイトの基本的構造

当初のWebサイトにおけるスタイルやレイアウトは，HTMLのタグや属性を用いて行われていた。たとえば，HTML属性によるスタイル指定は，次のようであった。

- <font>タグ：テキストのフォントや色やサイズなど
- <b>タグ：テキストを太字に
- <i>タグ：テキストを斜体に
- <table>タグ：テーブルの行や列の幅や高さなど
- <center>タグ：コンテンツを中央揃えに
- <frameset>タグ：ページのレイアウトの分割，ブラウザのウィンドウを複数のフレームに分割し，それぞれ異なるHTMLページを表示

その後，JavaScriptを用いて，HTML要素のスタイルを動的に変更するといった処理も組み込まれるようになった。しかし，このような形では，Webサイトの再利用やメンテナンスを行う上で問題が生じることが多くなった。そこで，スタイルとコンテンツの分離を行うという目的でCSS(Cascading Style Sheets)が新たに導入され，CSSはWebページの視覚表現をつかさどる技術として使われるようになった。現在では，WebサイトはHTML/CSS/JavaScriptで構成されており，それぞれについて概説する。

6.1.1 HTML

HTML(HyperText Markup Language)は，1986年に国際標準化機構によって規格制定されたSGML(Standard Generalized Markup Language)をできるだけシンプルに簡素化する形で作成された。1993年にHTML1.0が，1995年にHTML2.0が，1997年にHTML3.2 (JavaScriptなどのスクリプト言語のサポート）が，1997年にHTML4.0が，1999年にHTML4.01がそれぞれ制定された。そして，2014年に，HTML5.0がW3C(World Wide Web Consortium)勧告として発表された。

HTMLは，Webサイト構築において，コンテンツの構造化（テキスト・画像・動画・リンクなどの配置，見出し・段落・リスト・表などの定義)，ページのレイアウト（ヘッダー，ナビゲーションメニュー，記事，セクション，フッター)，ハイパーリンク，フォーム（ユーザからの入力)，メタデータ（ページに関する追加情報）の提供などを行う。

6.1.2 CSS

CSS(Cascading Style Sheets)は，HTMLによるWebサイトの「構造」と「見た目」を分離する目的で作られたという経緯があり，Webページの視覚表現をつかさどる機能を持っている。1996年にCSS1が，1998年にCSS2が，1999年にCSS2.1が制定された。そして，CSS2.1の改良版として，2009年にCSS3の最初のモジュールがW3C勧告となった。CSS3では，アニメーション，グラデーション，フレックスボックス，グリッドレイアウトといった新しい機能が導入されている。

6.1.3 JavaScript

JavaScriptは，Webブラウザ上で動作するスクリプト言語の一つであり，動的なWebページを作成するために使用されるスクリプト言語である。Webブラウザの機能を制御し，動的な操作やアニメーション，ユーザとのインタラクション，データの検証や処理などを実現することができる。

6.2 CSS

CSSは，Webページのデザイン的な要素（レイアウト，色，大きさなど）を制御することができる。

6.2.1 CSSの属性

本章ではJavaScriptの実用編ということで，簡単なゲームプログラムを作成する。これに合わせて，表6.1にあるCSSの属性（プロパティ）だけに限定する。

表6.1 使用するCSSの属性

プロパティ	設定できる値	意味
position	absolute fix	HTMLタグの位置に関する指定。 ・relative 　相対座標（通常の設定） ・absolute 　絶対座標 ・fix 　固定座標
top	○px	positionの値に「absolute」か「fix」を指定した場合のみ指定可能。上からの位置を指定できる。 単位は，px（ピクセル）
left	○px	positionの値に「absolute」か「fix」を指定した場合のみ指定可能。左からの位置を指定できる。 単位は，px（ピクセル）
font-size	○px	文字の大きさを指定できる。 単位は，px（ピクセル） ※単位には，ptやemなどあるが，本章ではpx
color	英語での色（red，blueなど） 16進数での色表現	文字の色を指定できる。 単純な色はredやblueなど英語表記で指定できるが，より繊細な色を求める場合は16進数で指定できる。 16進数の色指定については，「Webカラー」と検索すれば色見本のようなサイトが見つかるので参考になる。
height	○px	高さを指定できる。 単位は，px（ピクセル）
width	○px	幅を指定できる。 単位は，px（ピクセル）
border	○px 種類 色	線で囲むことができる。 スペース区切りで「太さ」と「種類」と「色」を指定できる。 太さの単位は，px。種類は本書では「solid」のみとする。色はcolor項目で書いたものと同様に英語指定か16進数指定。
background	英語での色（red，blueなど） 16進数での色表現	背景色を指定できる。 backgroundは，本来非常に設定値が多いものとなる。本書では色指定のみとしたが，画像の指定もできる。

なお，これら以外にも多くのプロパティがあるので，他書などで参照してほしい。

6.2.2　CSSの記述

CSSのコードの書き方には，いくつかのやり方がある。一つはHTMLファイル内の記述，もう一つは外部のCSSファイルとなる。

(1)HTMLファイル内の記述

これには，HTMLファイルの中の特定の要素に直接記述するやり方と，<head> タグ内に <style> タグで記述するやり方がある。

前者のプログラム（例題6-2-1）は，図6.1となる。

```
<!DOCTYPE html>
<html lang="ja">
    <head>
        <meta charset="UTF-8">
        <title>例題6-2-1</title>
    </head>
    <body>
        <h1>例題6-2-1　河村一樹</h1>
        <hr>
        <div style="
font-size:10px; width:100px; height:100px; border:1px solid red;">
            100ピクセル × 100ピクセルの箱です。
        </div>


    </body>
</html>
```

図6.1　例題6-2-1のソースコード

<div>において，フォントサイズは10ピクセル，幅は100ピクセル，高さは100ピクセル，囲み線の太さは1ピクセル，色は赤という指定になっている。このプログラムの実行結果は，図6.2のようになる。

図6.2　例題6-2-1の実行結果

　後者のプログラム（例題6-2-2）は，図6.3となる。
　ここでは，<head>タグ内に<style>タグを書き，その中で名前を宣言することで，<body>タグ内で呼び出すことができる。このプログラムでは，<style>タグの中で「box」という名前で定義している。

第6章　JavaScriptの実用編

```html
<!DOCTYPE html>
<html lang="ja">
    <head>
        <meta charset="UTF-8">
        <title>例題6-2-2</title>
        <style>
          #box {
            position:absolute;
            top:200px;
            left:200px;
            font-size:10px;
            width:100px;
            height:100px;
            border:1px solid blue;
          }
        </style>
    </head>
    <body>
        <h1>例題6-2-2　河村一樹</h1>
        <hr>
        <div id="box">
        100ピクセル × 100ピクセルの箱です。
        </div>
    </body>
</html>
```

図6.3　例題6-2-2のソースコード

定義の記述については,

```
#<定義する名前> {
    CSSのプロパティ:設定値;
    …
}
```

とする。

　<定義する名前>の前につけた「#」は,idで定義したという意味になる。一方,「#」の代わりに「.」として「.box {…}」とすると,これはclass定義となる。

　その記述は,

```
.<定義する名前> {
    CSSのプロパティ:設定値;
    ...
}
```

とする。

class定義した場合は，タグ側で呼び出すときは「class=」とする。

このプログラムの<style>タグでは，正方形の位置を，左上の座標(0,0)から，右方向に100ピクセルかつ下方向に100ピクセルの場所に絶対座標として指定している。その実行結果は，図6.4のようになる。

図6.4　例題6-2-2の実行結果

idは，そのhtmlに一度きりしか出てこない場合に指定する。一方，classは複数回出てくる場合に指定する。このため，classは，同じデザインのタグを表示したい場合に使うと便利である。idとclassを混在したプログラム（例題6-2-3）は，図6.5となる。

第 6 章 JavaScript の実用編

```html
<!DOCTYPE html>
<html lang="ja">
  <head>
    <meta charset="UTF-8">
    <title>例題6-2-3</title>
    <style>
      #box {
        font-size:10px;
        width:100px;
        height:100px;
        border:1px solid blue;
      }
      .box_2 {
        font-size:10px;
        width:100px;
        height:100px;
        border:1px solid red;
      }
    </style>
  </head>
  <body>
    <h1>例題6-2-3　河村一樹</h1>
    <hr>
    <div id="box">
      id定義した箱です
    </div>
    <div class="box_2">
      class定義の箱1個目
    </div>
    <div class="box_2">
      class定義の箱2個目
    </div>
    <div class="box_2">
      class定義の箱3個目
    </div>
    <div class="box_2">
      class定義の箱4個目
    </div>
  </body>
</html>
```

図6.5　例題6-2-3のソースコード

134

このプログラムの実行結果は，図6.6のようになる。

図6.6　例題6-2-3の実行結果

(2) 外部のCSSファイル

　CSSのソースコードを別ファイル（ファイル識別子は，.css）とし，それをHTMLで呼び出すというやり方である。例えば，文字の色をCSSで指定するプログラム（例題6-2-4）は，図6.7となる。

```
<!DOCTYPE html>
<html Lang="ja">
    <head>
        <link rel="stylesheet" type="text/css" href="style.css">
        <meta charset="UTF-8">
        <title>例題6-2-4</title>
    </head>
    <body>
        <h1>例題6-2-4　河村一樹 </h1>
        <hr>
      <p>この記事の文字は色が赤くなります </p>
    </body>
</html>
```

図6.7　例題6-2-4のソースコード

このように，<link> タグの中のhrefにおいてCSSファイルを指定する。そのCSSファイルは，図6.8となる。

```
@charset "utf-8";
/* 初めてのCSSファイル */
p {
  color:red;
}
```

図6.8　例題6-2-4のCSSファイル

このプログラムの実行結果は，図6.9のようになる。

図 6.9　例題 6-2-4 の実行結果

実習課題
問 6-2-1
　画面上に四角形を表示せよ。四角形は 1px のオレンジ色の枠線で，中は黄色で塗りつぶされている 1 辺が 200px の正方形とする。

問 6-2-2
　図 6.1 にあるソースコードをともに，CSS の部分を <head> タグ内に書き直せ。id，class 定義のどちらでもよいが，必ず定義した is，class のどちらかを参照すること。

6.3　JavaScriptによるCSSの制御

　JavaScriptを用いてCSSを制御することができる。

6.3.1　idによるCSSの制御

　JavaScriptには，指定したidをもつHTMLタグのCSSを制御する構文がある。それを用いたプログラム（例題6-3-1）は，図6.10となる。

第6章　JavaScriptの実用編

```html
<!DOCTYPE html>
<html lang="ja">
    <head>
        <meta charset="UTF-8">
        <title>例題6-3-1</title>
        <style>
          #box{
            font-size:10px;
            width:100px;
            height:100px;
            border:5px solid blue;
          }
        </style>
        <script type="text/javascript">
          function colorChange(){
          document.getElementById("box").style.borderColor = "
red";
          }
        </script>
    </head>
    <body>
        <h1>例題6-3-1　河村一樹</h1>
        <hr>
        <div id="box">
          id定義した箱です
        </div>
        <br>
        <br>
        <a href="javascript:void(0);" onclick="colorChange();">
赤線にする</a>

    </body>
</html>
```

図6.10　例題6-3-1のソースコード

このプログラムの実行結果は図6.11のようになり，「赤線にする」をクリックすると図6.12のようになる。

138

図6.11　例題6-3-1の実行結果①

図6.12　例題6-3-1の実行結果②

　この中のJavaScript文では，colorChangeという関数を定義している。
　中身の文については，
・document：このHTMLファイルを指す
・getElementById("box")：boxというidをもつタグに対して
・style：CSSの
・borderColor：線の色
・"red"：赤色

となり，まとめると「このHTMLファイルのboxというidをもつタグに対して，CSSの線の色を赤色にする」という意味になる。

HTML文では，aタグが指定されている。「JavaScript:void(0)」により，リンクをクリックしてもページのリロードやナビゲーションを発生しないまま，onclickで「クリックで押されたとき」関数colorChange()を実行することができる。

実習課題
問6-3-1

次のプログラム仕様に基づいたプログラムを作成せよ。
・画面に，青線の正方形（1辺は200px）と，その下に「変化」というリンク文字を表示
・「変化」のリンク文字をクリックすると，表示されていた正方形が横400pxに変化し，線色は赤に
・CSSは，タグ内ではなく，\<head\>タグ内に記述

6.3.2 文字列の挿入

指定のidに対して，文字列を入れることもできる。
指定の仕方は，

```
document.getElementById("id名").innerHTM="文字列"
```

となる。

innerHTMLという名の通り，id名で指定したタグの中に入れ込む感じになる。具体的なプログラム（例題6-3-2）は，図6.13となる。

faceIn関数のところで，「"\<br/\> ´・ω・｀"」とあるが，\<br/\>によって顔文字の前に改行を入れて顔を1行下に位置付けている。このプログラムを実行すると，図6.14のような画面が表示される。

140

6.3 JavaScriptによるCSSの制御

```html
<!DOCTYPE html>
<html lang="ja">
    <head>
        <meta charset="UTF-8">
        <title>例題6-3-2</title>
        <style>
          #box{
            position:absolute;
            top:50px;
            left:50px;
            font-size:10px;
            width:50px;
            height:50px;
            border:1px solid black;
          }
        </style>
        <script type="text/javascript">
          function faceIn(){
            document.getElementById("box").innerHTML = "
<br/>´・ω・`";
          }
        </script>
    </head>
    <body>
<!--
      <h1>例題6-3-2　河村一樹</h1>
      <hr>
-->
      <div id="box">
      </div>
      <br><br><br><br><br><br><br>
      <a href="javascript:void(0);" onclick="faceIn();">顔を表示
</a>
    </body>
</html>
```

図6.13　例題6-3-2のソースコード

141

第6章　JavaScriptの実用編

図6.14　例題6-3-2の実行結果①

画面の中の「顔を表示」をクリックすると，図6.15のようになる。

図6.15　例題6-3-2の実行結果②

実習課題
問6-3-2
　次のプログラム仕様に基づいたプログラムを作成せよ。
・「表示」というリンク文字を表示
・「表示」のリンク文字をクリックすると，正方形（1辺は100px，線色は赤で，黄色で塗りつぶ

し）が五つ表示

・五つを表示する際に，for文を使用

6.3.3　アニメーション

　CSSで表示しているタグの座標も操作できるだけでなく，アニメーションを動かすこともできる。座標を操作する際には，必ず操作するタグに対して，CSSでposition:absolute;と指定すること。これで，指定されたタグは絶対座標で管理され，前後のタグで改行や文字サイズを変更しても，座標はずれない。

　具体的なプログラム（例題6-3-3）は，図6.16となる。このプログラムを実行すると，正方形の顔が左から右に動き，300px移動して停止する（図6.17）。

　animeStart()では，setIntervalという関数を使っている。これは，特定のコードを一定の時間間隔（ミリ秒単位）で繰返し実行するために使う関数である。ただし，そのまま使うと永遠に繰返し続けるので，clearIntervalを指定の条件下に置くことで，停止するようにしている。今回の場合，posXが300以上となったら終了とする。

　clearIntervalには，setIntervalの結果を与えなければならないので，「var id=setInterval(…)」として，変数idにsetIntervalの結果を入れ，それをclearIntervalに渡している。また，setIntervalは，繰返す処理を関数で渡さなければならない。そこで，ここでは無名関数を用いて，「function(){…}」としている。無名関数とは，関数名がない関数のことであり，関数として定義するまでもない小さい処理のときに使う。

第6章 JavaScriptの実用編

```html
<!DOCTYPE html>
<html lang="ja">
    <head>
        <meta charset="UTF-8">
        <title>例題6-3-3</title>
        <style>
          #box{
            position:absolute;
            top:50px;
            left:0px;
            font-size:10px;
            width:50px;
            height:50px;
            border:1px solid black;
          }
        </style>
        <script type="text/javascript">
          function animeStart() {
            var posX=0;
            var id=setInterval(function() {
              posX=posX+2;
              document.getElementById("box").style.left=posX+"px";
              if (posX>=300) {
                clearInterval(id);
              }
            },10);
          }
        </script>
    </head>
    <body>
<!--
        <h1>例題6-3-3　河村一樹</h1>
        <hr>
-->
        <div id="box"><br/>´・ω・｀</div>
        <br><br><br><br><br><br><br>
        <a href="javascript:void(0);" onclick="animeStart();">
動け！</a>
    </body>
</html>
```

図6.16　例題6-3-3のソースコード

144

図6.17 例題6-3-3の実行結果

実習課題
問6-3-3

次のプログラム仕様に基づいたプログラムを作成せよ。
・例題6-3-3のソースコードをベースに,顔文字が右に300px移動し終わった後に,下方向に200px移動するプログラムを作成せよ。

6.4 競争ゲームの作成

ここでは,自分のキャラクタ(四角形の顔)ボタンを連打することで,コンピュータのキャラクタと競争しながら,300px先のゴールへ先に到達した方が勝ちというゲームを作成する。緑色の四角形の顔がコンピュータ側のキャラクタであり,ピンク色の四角形の顔がプレイヤー側(自分)のキャラクタとなる。

このプログラム(例題6-4-1)は,次のようになる。

第6章　JavaScriptの実用編

```html
<!DOCTYPE html>
<html lang="ja">
  <head>
    <meta charset="UTF-8">
    <title>例題6-4-1 競争ゲーム</title>
    <style>
    #box{
      position  : absolute;
      top       : 50px;
      left      : 0px;
      font-size : 10px;
      width     : 50px;
      height    : 50px;
      border    : 2px solid green;
    }

    #box_2{
      position: absolute;
      top:120px;
      left:0px;
      font-size:10px;
      width:50px;
      height:50px;
      border:2px solid pink;
    }

    #goal{
      position: absolute;
      top:0px;
      left:350px;
      font-size:60px;
      color:white;
      width:50px;
      height:380px;
      background:red;
    }
    </style>

    <script>
    var gameStatus = "BEFORE_START";
    var playerPosX = 0;
    var cpuPosX    = 0;

    function animeStart(){
      var id = setInterval(function(){
        cpuPosX = cpuPosX+2;
        document.getElementById("box").style.left = cpuPosX+"px";

        if(cpuPosX >= 300){
          clearInterval(id);
          if(gameStatus == "GAME_NOW"){
            alert("コンピュータの勝ち");
            gameStatus = "GAME_END";
          }
        }
      }, 100);
    }

    function charMove(){
      if(gameStatus == "BEFORE_START"){
        animeStart();
        gameStatus= "GAME_NOW";
      }
      playerPosX = playerPosX+4;
      document.getElementById("box_2").style.left = playerPosX+"px";

      if(playerPosX>=300 && gameStatus == "GAME_NOW"){
        alert("あなたの勝ち");
        gameStatus = "GAME_END";
      }
    }

    </script>
  </head>
  <body>
<!-- ※ ゲーム上に表示されないようにコメント扱いに
      <h1>例題: 4-1 河村一雄</h1>
      <hr>
-->
    <div id="box"><br/>`・ω・´</div>
    <div id="box_2"><br/>`・ω・´</div>
    <div id="goal">G<br/>O<br/>A<br/>L</div>
    <br/><br/><br/><br/><br/><br/><br/><br/>
    <a href="javascript:void(0);" onclick="charMove();">走れ！</a>
  </body>
</html>
```

図6.18　例題6-4-1のソースコード

JavaScriptのプログラムの先頭にある次の文であるが，これらは，グローバル変数として宣言しており，その後の各functionで定義する関数すべてで使用可能となる。

```
var gameStatus = "BEFORE_START";
var playerPosX = 0;
var cpuPosX    = 0;
```

 変数gameStatusは，ゲームの状況を示す変数である。ゲームの開始前は「BEFORE_START」，ゲーム中は「GAME_NOW」，ゲームの終了は「GAME_END」とする。
 変数playerPosXとcpuPosXは，キャラクタのプログラム上の初期表示位置である。実際の表示位置は，あくまでもCSSで定義されている「left:0px;」である。このCSSの数値を計算するために定義している。
 関数animeStart()では，300px到達時にゲーム中「GAME_NOW」だった場合，コンピュータ側のキャラクタの価値という判断をして，ゲームを終了「GAME_END」としている。
 関数charMove()では，冒頭にgameStatusを判断している。ゲームスタート前の場合は，コンピュータ側のキャラクタの動作をスタートさせ，gameStatusを「GAME_NOW」としている。playerPosXtoとstyle.leftの処理は例題6-3-3で行ったものと同じである。最後のif文で，プレイヤー側のキャラクタの位置とgameStatusを判別している。
 ゲーム中（コンピュータ側のキャラクタがまだゴールしていない）で，かつ，プレイヤー側のキャラクタの位置が300pxを超えていれば，プレイヤー側の勝ちとする判定をしている。コンピュータ側が先にゴールしていれば，gameStatusは「GAME_END」となっているので，プレイヤー側が勝つことはない。
 このプログラムを実行した結果（コンピュータ側の勝ち）は，図6.19となる。

図6.19　例題6-4-1の実行結果

第6章　JavaScriptの実用編

実習課題
問6-4-1

　例題6-4-1のソースコードをベースに，自動的に二つのキャラクタが競争するプログラムを作成せよ。ただし，次の要件を持ち込むこと。

・上の箱をA，下の箱をBとする。

・両方ともに同じスピードだと優劣がつかない。このため，乱数を発生させ，進むスピードを随時変えること。乱数は，「Math.floor(Math.random()*5)」で発生させることができる。

・「開始」というリンク文字が表示されており，それをクリックすることで二つのキャラクタの競争が始まる。

・ゴールにたどり着いたら「○の勝ち」と，勝った方のアルファベットを表示する。

参考文献

[1] 小学校段階における論理的思考力や創造性，問題解決能力等の育成とプログラミング教育に関する有識者会議：小学校段階におけるプログラミング教育の在り方について（議論の取りまとめ），文部科学省（2016）

[2] 吉田典弘，和田裕一，邑本俊亮，堀田龍也，篠澤和久：一般情報教育におけるプログラミングのスキルの習得度とプログラミングの考え方の理解度の関係，情報処理学会論文誌　教育とコンピュータ(TCE)，Vol.7，No.1，pp.14-24（2021）

[3] 飯坂正樹，五十嵐智生，兼宗進，中村めぐみ，内田卓：プログラミング教育における定着度評価の検討と実践，会誌「情報処理」，Vol.64，No.11（2023）

[4] プログラミング能力検定協会：ホームページ「CFRPとは」
https://programming-sc.com/cfrp/

[5] 日本規格協会編：『JISハンドブック情報処理―用語・符号・データコード編』，日本規格協会（1997）

[6] 情報処理学会情報処理教育委員会：日本の情報教育・情報処理教育に関する提言2005（2005）
http://www.ipsj.or.jp/12kyoiku/proposal-20051029.html
2006.11改訂/追補版（2006）
https://www.ipsj.or.jp/12kyoiku/teigen/v81teigen-rev1a.pdf

[7] 小学校段階における論理的思考力や創造性，問題解決能力等の育成とプログラミング教育に関する有識者会議：小学校段階におけるプログラミング教育の在り方について（議論の取りまとめ），文部科学省（2016）

索引

記号・数字
2分探索 113

A
alert 47

C
CFRP 11
console.log 48
const 52
CSS 16, 128, 129

D
do while 文 75
document.write 文 44

E
else if 文 67

F
for 文 72

H
HTML 16, 33, 128

I
id 132
if else 文 65
if 文 63

J
JavaScript 16
js ファイル 18

L
let 52
LIFO 106

M
Moodle 26

N
new Array() 80

O
OneDrive 35

P
parseInt 61
prompt 58

S
script タグ 18
src 属性 18
switch 文 69

U
use strict 20

V
var 51
Visual Studio Code 21

W
Web ブラウザ 23
while 文 74

Z
Zoom 30

あ
アニメーション 143
アルゴリズム 96
インクリメント 55

か
階乗計算 116
関数 87
クイックソート 106
組み込み関数 90
グローバル変数 91
計算時間 99
コメント 19

さ
再帰 11, 115
算術演算子 54
シェルソート 104
整列 11, 101
線形探索 110
選択ソート 102
挿入ソート 103

た
代入演算子 54
探索 11, 110
テキストエディタ 20
デクリメント 55
手順的な自動処理 96

は
配列 80
配列リテラル [] 83
ハノイの塔 118
バブルソート 102
ヒープソート 105
比較演算子 63
引数 87
プログラミング的思考 96
変数 50
変数のスコープ 90

ま
マージソート 103
無限ループ 77
メモ帳 20
戻り値 87

ら
理解容易性 100
領域使用量 100
連想配列 83
ローカル変数 91
論理演算子 65

著者紹介

河村 一樹 （かわむら かずき）

1955年東京生まれ。
立教大学理学部卒業，日本大学大学院理工学研究科博士前期課程終了，博士（工学）。

県立宮城大学事業構想学部などを経て，東京国際大学商学部教授。
情報教育に関する調査・研究・教育に携わっている。
情報処理学会一般情報教育委員会委員長・幹事・委員，情報処理学会コンピュータと教育
研究会幹事・連絡委員，ソフトウェア技術者協会教育分科会世話人などを歴任。

著書：すぐにできる！双方向オンライン授業（共著，化学同人，2020年），
　　　JavaScriptによる情報教育入門（単著，大学教育出版，2011年），
　　　e-Learning入門（単著，大学教育出版，2009年），
　　　文科系のためのプログラミング論（共著，日刊工業新聞社，2000年），
　　　日本語PADによるアルゴリズム演習（共著，日刊工業新聞社，1999年），
　　　プログラム設計（共著，実教出版，1988年），
　　　COBOL版PADによる構造化プログラミング（単著，啓学出版，1988年）など多数。

◎本書スタッフ
編集長：石井 沙知
編集：赤木 恭平
図表製作協力：菊池 周二
表紙デザイン：tplot.inc 中沢 岳志
技術開発・システム支援：インプレス NextPublishing

●本書に記載されている会社名・製品名等は、一般に各社の登録商標または商標です。本
文中の©、®、TM等の表示は省略しています。

●本書の内容についてのお問い合わせ先
近代科学社Digital　メール窓口
kdd-info@kindaikagaku.co.jp
件名に「『本書名』問い合わせ係」と明記してお送りください。
電話やFAX、郵便でのご質問にはお答えできません。返信までには、しばらくお時間をい
ただく場合があります。なお、本書の範囲を超えるご質問にはお答えしかねますので、あ
らかじめご了承ください。

●落丁・乱丁本はお手数ですが、(株) 近代科学社までお送りください。送料弊社負担にて
お取り替えさせていただきます。但し、古書店で購入されたものについてはお取り替えで
きません。

JavaScriptによる
プログラミング講座

2024年9月13日　初版発行Ver.1.0

著　者　河村 一樹

発行人　大塚 浩昭

発　行　近代科学社Digital

販　売　株式会社 近代科学社
　　　　〒101-0051
　　　　東京都千代田区神田神保町1丁目105番地
　　　　https://www.kindaikagaku.co.jp

●本書は著作権法上の保護を受けています。本書の一部あるいは全部について株式会社近代科学社か
ら文書による許諾を得ずに、いかなる方法においても無断で複写、複製することは禁じられています。

©2024 Kawamura Kazuki. All rights reserved.
印刷・製本　京葉流通倉庫株式会社
Printed in Japan

ISBN978-4-7649-0712-6

近代科学社 Digital は、株式会社近代科学社が推進する21世紀型の理工系出版レーベ
ルです。デジタルパワーを積極活用することで、オンデマンド型のスピーディで持続可能
な出版モデルを提案します。

近代科学社 Digital は株式会社インプレス R&D が開発したデジタルファースト出版プラットフォーム
"NextPublishing" との協業で実現しています。